dtv

Tucholsky ist ein echter Glücksfall! Er spricht die Dinge aus, wie sie sind, und hat dabei seinen Spaß. Seine Themen sind hochaktuell, seine Probleme die unsren: In der Liebe, bei der Arbeit, auf Reisen – Ideal und Wirklichkeit wollen einfach nie ganz zusammenpassen. Irgendwas ist eben immer. Was soll man machen? Tucholsky schimpft auf die Widersprüche des Lebens, dass es eine reine Freude ist!

Kurt Tucholsky (1890–1935) zählte zu den bedeutendsten kritischen Journalisten des 20. Jahrhunderts, aber auch als Lyriker hielt er der deutschen Gesellschaft den Spiegel vor. 1929 emigrierte er nach Schweden. 1933 wurde er aus Deutschland ausgebürgert und seine Bücher wurden verbrannt.

Der Herausgeber *Günter Stolzenberger* ist freier Publizist und lebt in Frankfurt am Main. Bei dtv erschienen von ihm bereits mehrere erfolgreiche Anthologien, darunter ›Tucholsky. Dürfen darf man alles‹ (14011) und ›Busch. Und überhaupt und sowieso‹ (14177).

Kurt Tucholsky

Irgendwas ist immer

Lebensweisheiten

Ausgewählt und herausgegeben von
Günter Stolzenberger

dtv

Vom Herausgeber Günter Stolzenberger
sind bei dtv erschienen:

Ringelnatz. Zupf dir ein Wölkchen (13822)
Tucholsky. Dürfen darf man alles (14011)
Busch. Und überhaupt und sowieso (14177)
Rilke. Es wartet eine Welt (14245)

**Ausführliche Informationen über
unsere Autoren und Bücher
www.dtv.de**

Originalausgabe
© dtv Verlagsgesellschaft mbH & Co. KG, München 2017
Umschlaggestaltung: Alexandra Bowien/dtv
Gesetzt aus der Adobe Garamond
Satz: pagina GmbH, Tübingen
Druck und Bindung: Druckerei C.H.Beck, Nördlingen
Gedruckt auf säurefreiem, chlorfrei gebleichtem Papier
Printed in Germany · ISBN 978-3-423-28119-5

Irgendwas ist immer

Dass einer alles hat, ist selten.

SELBSTBESINNUNG

Fort mit der sonst so aktuellen Harfe!
Heut pfeif ich mir nach eigenem Bedarfe
   auf meiner Flöte einen in Cis-Moll
    von dem, was ist; von dem, was werden soll.

Von dem, was ist … Kaum kann uns etwas schrecken.
Mars schlägt mit Wucht auf sein verzinktes Becken –
   laß bluten, was da bluten mag –
    und er regiert die Stunde und den Tag.

Und er regiert die Stunde und das Jahr –
bedenk, wer damals noch am Leben war!
   Und leise spielt – wie waren wir doch jung! –
    der Leierkasten der Erinnerung.

Wie kannst du dich in all dem wiederfinden?
Du magst dich mühsam durch Systeme winden,
   durch Pflichten, die es geben muß und gibt –
    du siehst dahinter und wirst unbeliebt.

Laß dich von keinem Schlagwort kirren!
Von keinem Vollbart dich beirren!
    Es schenkt dir niemand was dazu –
    bleib, was du warst; bleib immer: Du!

Geheimrat Goethe sang nicht minder
vom höchsten Glück der Erdenkinder –
    er war Ministerpräsident
    und also sicher kompetent.

Man kehrt nach aller Schicksalstücke
doch immer auf sich selbst zurücke.
    Drum wünsch ich dir nach dem Gebraus
    dein altes, starkes, eignes Haus!

DAS IDEAL

Ja, das möchste:
Eine Villa im Grünen mit großer Terrasse,
vorn die Ostsee, hinten die Friedrichstraße;
mit schöner Aussicht, ländlich-mondän,
vom Badezimmer ist die Zugspitze zu sehn –
aber abends zum Kino hast dus nicht weit.

Das Ganze schlicht, voller Bescheidenheit:

Neun Zimmer, – nein, doch lieber zehn!
Ein Dachgarten, wo die Eichen drauf stehn,
Radio, Zentralheizung, Vakuum,
eine Dienerschaft, gut gezogen und stumm,
eine süße Frau voller Rasse und Verve –
(und eine fürs Wochenend, zur Reserve) –,
eine Bibliothek und drumherum
Einsamkeit und Hummelgesumm.

Im Stall: Zwei Ponies, vier Vollbluthengste,
acht Autos, Motorrad – alles lenkste
natürlich selber – das wär ja gelacht!
Und zwischendurch gehst du auf Hochwildjagd.

Ja, und das hab ich ganz vergessen:
Prima Küche – erstes Essen –
alte Weine aus schönem Pokal –
und egalweg bleibst du dünn wie ein Aal.
Und Geld. Und an Schmuck eine richtige Portion.
Und noch ne Million und noch ne Million.
Und Reisen. Und fröhliche Lebensbuntheit.
Und famose Kinder. Und ewige Gesundheit.

Ja, das möchste!

Aber, wie das so ist hienieden:
manchmal scheints so, als sei es beschieden
nur pöapö, das irdische Glück.
Immer fehlt dir irgendein Stück.
Hast du Geld, dann hast du nicht Käten;
hast du die Frau, dann fehln dir Moneten –
hast du die Geisha, dann stört dich der Fächer:
bald fehlt uns der Wein, bald fehlt uns der Becher.

Etwas ist immer.

Tröste dich

Jedes Glück hat einen kleinen Stich.
Wir möchten so viel: Haben. Sein. Und gelten.
Daß einer alles hat:
            das ist selten.

ABENDLIED

Auf den Bergen liegt der Schatten,
und der See ist dunkelgrün.
Von den Sechs-Mark-fünfzig-Platten
singt Maria Ivogün ...
    Horch, die schöne Melodie:
    »Tralahü – lahü – lahi!«
    Dumpf tönts von der Kegelbahn – – –
... Was hast du am Tag getan –?

Hast du einen Brief geschrieben?
Hast du im Büro gepennt?
Hast du Unkeuschheit getrieben?
Nahmst du 10 ½ Prozent
    als Bankier der Industrie ...
    Tralahü – lahü – lahi –
    Singt sie nicht wie Marzipan!
... Was hast du am Tag getan?

Hast des Staates du im stillen
dankbar-demutsvoll gedacht?
Hast du Margot Abführpillen,
die sie wollte, mitgebracht?
    Dachtest du, wie Hitler schrie …
    Tralahü – lahü – lahi –
    mit dem bierigen Organ – – –
Was hast du am Tag getan?

Morgen, denkst du, bin ich schlauer.
Morgen fang ichs richtig an.
Jeder – Städter oder Bauer –
ist zur Nacht ein kluger Mann.
    Aber welche Ironie –
    Tralahü – lahü – lahi –:
        Morgen leben alle Leute
        egalweg genau wie heute.

Im Käfig

Hinter den dicken Stäben meiner Ideale
lauf ich von einer Wand zur andern Wand.
Da draußen gehen Kindermädchen, Generale,
Frau Lederhändlerswitwe mit dem Herrn Amant …

Manchmal sieht einer her. Mit leeren Blicken:
Ah so! ein Tiger – ja, das arme Tier …
Dann sprechen sie von »Tantchen auch was schicken
in Pergamentpapier«.

Ich möcht so gern hinaus. Ich streck und dehn mich –
die habens gut, mit ihrer großen Zeit!
Sie sind gewiß nicht rein, und doch: ich sehn mich
nach der Gemeinsamkeit.

Der Tiger gähnt. Er käm so gern geloffen …
Doch seines Käfigs Stäbe halten dicht.
Und ließ der Wärter selbst die Türe offen:
Man geht ja nicht.

IDEAL UND WIRKLICHKEIT

In stiller Nacht und monogamen Betten
denkst du dir aus, was dir am Leben fehlt.
Die Nerven knistern. Wenn wir das doch hätten,
was uns, weil es nicht da ist, leise quält.
    Du präparierst dir im Gedankengange
    das, was du willst – und nachher kriegst dus nie …
    Man möchte immer eine große Lange,
    und dann bekommt man eine kleine Dicke –
        C'est la vie –!

Sie muß sich wie in einem Kugellager
in ihren Hüften biegen, groß und blond.
Ein Pfund zu wenig – und sie wäre mager,
wer je in diesen Haaren sich gesonnt …
    Nachher erliegst du dem verfluchten Hange,
    der Eile und der Phantasie.
    Man möchte immer eine große Lange,
    und dann bekommt man eine kleine Dicke –
        Ssälawih –!

Man möchte eine helle Pfeife kaufen
und kauft die dunkle – andere sind nicht da.
Man möchte jeden Morgen dauerlaufen
und tut es nicht. Beinah ... beinah ...
　　Wir dachten unter kaiserlichem Zwange
　　an eine Republik ... und nun ists die!
　　Man möchte immer eine große Lange,
　　und dann bekommt man eine kleine Dicke –
　　　　Ssälawih –!

MEDIATION, ZUM COUPÉFENSTER HINAUS

Wie die langen Telegrafenstangen
jene schwarzen, dünnen Drähte, die
grad sich zu erheben angefangen,
immer wieder niedergehen, wie

diese dunkeln regelmäßigen Stäbe,
die das Auf und Ab und Auf und Ab
stetig kontrollierend in der Schwebe
halten –:
   also von der Wiege bis zum Grab

drückt auch dich, o Mensch, bei allem Streben
(seist du Amme, Kanzler, Redakteur),
drückt auch dich, o Mensch, im ganzen Leben,
nieder, nieder, nieder –
            das Malheur.

Geheimnis

Jüngst betraf mich ein Japaner,
und in des Gespräches Wellen,
als wir von Matrosen sprachen,
ließ er ein klein Wörtlein fallen:
                    ›Skibi‹.

»Was bedeutet das, Geehrter?«
fragt ich leicht und glatt und höflich.
»Nie noch hört ich diese Silben:
                    Skibi –?

Ists ein Laster? Ein Gesellschafts-
spiel? Kann man es konsumieren?
Tun Matrosen es? Mit wem wohl?
                    Skibi –?«

Der Japaner nickte höflich,
lächelte und schwieg. Und seitdem
hockt auf mir der Skibi-Wahnsinn.
Skibi! zwitschern alle Spatzen.
Skibi-skibi! gellt die Hupe.
Und die Stadtbahn-Wagenachsen
rattern: Skibi-skibi-skibi …!

Skibi! piept die Bodenmaus.
Und so sieht die Sonne aus:

Traurig krauche ich durchs Leben.
Kann mir niemand Rettung geben?
    Auf, nach Japan laßt mich fahren,
    seekrank, heiß, mit Möwenscharen,
    wochenlang in Schiffsbewegung,
    II. Klasse (mit Verpflegung) –
Und ich seh nicht Palästina,
Indien nicht an und China –
Bombay nicht und nicht Kalkutta,
in Port Said die Kuppelmutter …
Ungegessen, ungeschlafen,
    fahr ich.

Auf dem Quai im Japan-Hafen
spring ich auf den ersten besten,
halt ihn an am Knopf der Westen –
   schreiend frag ich:
      »Was ist Skibi –?«

Der Japaner, kalten Blutes,
spricht: »Das fragt man nicht. Man tut es.
   Skibi-skibi-skibi-skibi –!«

In die Heimat fährt ein Greis.
Stumm. Zerbrochen. Haar schlohweiß.
Geht ins Kloster als Trappist,
weil er nicht weiß, was Skibi ist.

Mit einem japanischen Gott

Da hockt der dicke Gott und grinst,
der schwere Bauch in düstern Falten …
und über des Geschickes Walten
sitzt jener ruhig da und blinzt …

O Wandrer, lüfte deinen Hut!
Denn dieser strebt zum Idealen.
Was weiß er von des Denkens Qualen?
Er existiert und damit gut!

DAS LÄCHELN DER MONA LISA

Ich kann den Blick nicht von dir wenden.
Denn über deinem Mann vom Dienst
hängst du mit sanft verschränkten Händen
        und grienst.

Du bist berühmt wie jener Turm von Pisa,
dein Lächeln gilt für Ironie.
Ja … warum lacht die Mona Lisa?
Lacht sie über uns, wegen uns, trotz uns, mit uns,
                                    gegen uns –
        oder wie –?

Du lehrst uns still, was zu geschehn hat.
Weil uns dein Bildnis, Lieschen, zeigt:
        Wer viel von dieser Welt gesehn hat –
        der lächelt, legt die Hände auf den Bauch
                                und schweigt.

SCHEPPLIN

Du latscht uff deine jroßen Botten
in Kino durch de janze Welt.
Bei Weiße und bei Hottentotten …
wat hast du alles anjestellt!
   Du kommst so an … Der jreeste Recke
   valiert trotz seine Niedertracht.
   Du kiekst bloß eenmal um de Ecke,
     un alles lacht.

Du schmierst se Flammri in Zylinder,
loofst durch de Beene von Pochtier;
du bist so nett zu kleene Kinder,
schmeißt Damens Eis ins Dekollteh.
   Denn jehste hin un feifst ein Liedchen,
   als hättste weita nischt jemacht.
   Und wer dir sieht mit dein Hietchen
     der lacht.

Vor dir hat jeda schon jesessen.
Trotz Koppweh, Ärja, Not un Schmerz …
Vor dir hat jeda det vajessn.
Ick wer da sahrn: du hast Herz!
  Du machst, det die vanimftjen Knaben,
  bloß, weil du da bist, Unrecht haben.
    Und tragen se dir mit Jebimmel
    (noch lange nich!) in dunkle Nacht –:
    denn sieht dir Jott in sein Himmel
    steht uff
              un lacht.

DAS KÖNIGSWORT

Dies ergötzte hoch und niedrig:
Als der edle König Friedrich,
August weiland von ganz Sachsen,
tat zum Hals herauer wachsen
seinem Volk, das ihn geliebt,
so es billigen Rotwein gibt –
als der König, sag ich, merkte,
wie der innre Feind sich stärkte,
blickt er über die Heiducken,
und man hört ihn leise schlucken …
Und er murmelt durch die Zähne:
»Macht euch euern Dreck alleene!«

Welch ein Königswort! Wahrhaftig,
so wie er – so voll und saftig
ist sonst keiner weggegangen.
Wenn doch heute in der langen
langen Reihe unsrer Kleber,
Wichtigmacher, Ämterstreber,
einer in der langen Kette
nur so viel Courage hätte,
trotz der Ehre und Moneten
schnell gebührend abzutreten!

O, wie ich sein Wort ersehne:
»Macht euch euern Dreck alleene!«

Edler König! Du warst weise!
Du verschwandest still und leise
in das nahrhafte Zivil.
Das hat Charme, und das hat Stil.
Aber, aber unsereiner!
Sieh, uns pensioniert ja keiner!
Und wir treten mit Gefühle
Tag für Tag die Tretemühle.
Ach, wie gern, in filzenen Schuhen
wollten wir gemächlich ruhen,
sprechend: »In exilio bene!
Macht euch euern Dreck alleene!«

FANG NIE WAS MIT VERWANDTSCHAFT AN!

Zur Erinnerung an die Sonntage
meiner Jugend!

Alles ist schon dagewesen:
Zulukaffern, Filmchinesen,
Asien, Amerika.
Die Geschäfte sind dieselben
bei den Schwarzen wie den Gelben;
bist du flink,
dann drehst du jedes Ding
und stehst als Obermime da.
Nur einen Volksstamm gibt es hier auf Erden
mit dem kann kein Mensch richtig fertig werden.
Fang' nie was mit Verwandtschaft an,
denn das geht schief, denn das geht schief!
Sieh lieber dir 'ne fremde Landschaft an,
denn die Familie wird gleich so massiv.
Und seist du auch ein Landesfürst,
du sollst mal sehn, mein Sohn, wie klein du wirst.
Fang' nie was mit Verwandtschaft an,
dann bist du wirklich glücklich dran.

Deine Frau hat, Gott behüte,
zwei garnierte Winterhüte.
Schon platzt deine Schwägerin.
Onkel Max und Tante Fiechen
können sich nun mal nicht riechen.
Großmama
sitzt alle Tage da,
du stehst im Testamente drin.
Siehst du den Nachlaß voller ernster Weihe,
dann hast du nichts wie lauter Kriegsanleihe.
Fang' nie was mit Verwandtschaft an,
denn das geht schief, denn das geht schief!
Sieh lieber dir 'ne fremde Landschaft an,
denn die Familie wird gleich so massiv.
Du sitzt in der Mischpoche Schoß,
die lieben Leute wirst du niemals los.
Fang' nie was mit Verwandtschaft an,
dann bist du wirklich glücklich dran.

Geht die ganze Welt auch unter,
die Familie frisch und munter
bleibt uns, wie man erzählt.
Alle sitzen am Äquator,
Schwiegermutter als Diktator,
Großpapa
mit allen Babys da,
und nur ein einz'ges Mitglied fehlt,
denn auf dem Nordpol im kleinen Stübel
sitzt die Tante und nimmt übel.
Fang' nie was mit Verwandtschaft an,
denn das geht schief, denn das geht schief!
Sieh lieber dir 'ne fremde Landschaft an,
denn die Familie wird gleich so massiv.
Denn so von Herzen hundsgemein,
kann auf der ganzen Welt kein Fremder sein.
Fang' nie was mit Verwandtschaft an,
dann bist du wirklich glücklich dran.

IMMA MIT DIE RUHE!

Wenn ick det sehe, wat se so machn,
wie se bei de jeringsten Sachn
sich uffpustn, det man denkt, se platzen –
wie se rot anlaufn, bis an die Jlatzen,
    ahms spät un morjens um achte –:
        sachte! sachte!
Warum denn so furchtbar uffjerecht?
Wir wern mal alle inn Kasten gelecht.

Wissen Se, ick wah mal dabei –
da hattn se uff de Polessei
eenen Selbstmörda, jänzlich nackt,
in eenen murksijen Sarch jepackt.
    Die hatten det eilich! Un ick dachte:
        Sachte! Sachte!
Un der Anblick hat sich mir injeprecht:
Wir wern mal alle inn Kasten jelecht.

Janich rellejöhs.
                    Wie soll ick det sahrn …?
Ick kann det Jefuchtel nich vatrahrn.
Wir komm bei Muttan raus mit Jeschrei,
un manche bleihm denn auch dabei.
    Wenn ick mir det so allens betrachte:
        Imma sachte!
Mal liechste still. Denn wird ausjefecht.
Un wir wern alle inn Kasten jelecht.

WAS IST IM INNERN EINER ZWIEBEL –?

Nun nimmt wohl bald der Bauer Geld aus der
                                    Schatullen
und macht sich auf mit seiner Kuh zum Bullen –
                  mit seiner Kuh.

Nun wirft wohl diese Kuh ein Kälbchen sonder
                                    Schaden,
und dieses Kälbchen legt dort einen runden Fladen –
                  das Kälbchen
                  von der Kuh.

Nun wächst aus diesem Fladen auf der Ackerkrume
wohl bald die schönste rote Bauernblume –
                  aus dem Fladen
                  von dem Kälbchen
                  von der Kuh.

Nun hüpft wohl bald ein Stubenmädchen in dem Grase,
pflückt einen Strauß für ihr Hotel und stellt in eine Vase
                  die Blumen
                  aus dem Fladen
                  von dem Kälbchen
                  von der Kuh.

In diesem so geschmückten Raum – denn sieh, er hat ihn
ja vorbestellt – liegt froh der heitere Hochzeitsreisende
bei seiner Gattin –

in Zimmer 28
mit den Blumen
aus dem Fladen
von dem Kälbchen
von der Kuh.

Und hier empfängt sie einen anfangs anonymen
Knaben,
sie trägt ihn aus, gebärt – er ist von großen Gaben –
von den Hochzeitsreisenden
aus Zimmer 28
mit den Blumen
aus dem Fladen
von dem Kälbchen
von der Kuh.

Der Knabe reift heran, erbt einen ganzen Batzen
und gründet sich ein Etablissement für Bett-
Matratzen –

der Sohn
der Hochzeitsreisenden
aus Zimmer 28
mit den Blumen
aus dem Fladen
von dem Kälbchen
von der Kuh.

Nun schneuzt sich breit sein erster Vorarbeiter,
wischt sich den Bart und pinselt flötend weiter –
in der Fabrik
des Sohnes
der Hochzeitsreisenden
aus Zimmer 28
mit den Blumen
aus dem Fladen
von dem Kälbchen
von der Kuh.

Der Vorarbeiter hat das Bett lackiert. Nun nimmt er
einen Schluck. In diesem Bett tu ich den letzten
Atemzug.

ZWEIFEL

Ich sitz auf einem falschen Schiff.
Von allem, was wir tun und treiben,
und was wir in den Blättern schreiben,
stimmt etwas nicht: Wort und Begriff.

Der Boden schwankt. Wozu? Wofür?
Kunst. Nicht Kunst. Lauf durch viele Zimmer.
Nie ist das Ende da. Und immer
stößt du an eine neue Tür.

Es gibt ja keine Wiederkehr.
Ich mag mich sträuben und mich bäumen,
es klingt in allen meinen Träumen:
Nicht mehr.

Wie gut hat es die neue Schicht.
Sie glauben. Glauben unter Schmerzen.
Es klingt aus allen tapfern Herzen:
Noch nicht.

Ist es schon aus? Ich warte stumm.
Wer sind Die, die da unten singen?
Aus seiner Zeit kann Keiner springen.
Und wie beneid ich Die, die gar nicht ringen
Die habens gut.
                    Die sind schön dumm.   [1925]

DEUTSCHER ABEND

Nun gönnt die Firma stillen Abendfrieden
dem Arbeitsmann, den Mädels, dem Kommis –
nun sitzt ganz Deutschland um den runden, lieben
gedeckten Tisch und sieht aufs Visavis.

Da liegt das Land: ganz schwarz und blau und dunkel.
Es klirrt der Wind im Telegrafendraht.
Ein gelbes Fenster grüßt dich mit Gefunkel:
hier spielt der Förster seinen Dauerskat.

Man hebt die Zeitung, läßt sie wieder sinken,
die Welt, ihr Lieben, geht den alten Lauf –
hieraufbezüglich kann man einen trinken,
die Pfeife qualmt, nun steigt der Mond herauf.

Und hundert Mimen spreizen ihre Glieder,
und hundert Bürger füllen sich mit Bier ...
Und hundert Mädchen summen kleine Lieder,
denn morgen, morgen muß er fort von hier.

O Herr, so wie wir hienieden krauchen,
so segne Land und Leute und Kompott.
Verlaß dich drauf: wir könnens brauchen,
wir könnens brauchen, lieber Gott!

Wir brauchen alle einen roten Mund.

KONJUGATION IN DEUTSCHER SPRACHE

Ich persönlich liebe
du liebst irgendwie
er betätigt sich sexuell
wir sind erotisch eingestellt
ihr liebt mit am besten
sie leiten die Abteilung: Liebe

MIKROKOSMOS

Daß man nicht alle haben kann –!
Wie gerne möcht ich Ernestinen
als Schemel ihrer Lüste dienen!
Und warum macht mir Magdalene,
wenn ich sie frage, eine Szene?
Von jener Lotte ganz zu schweigen –
ich tät mich ihr als Halbgott zeigen.
Doch bin ich schließlich 1 Stück Mann …
Daß man nicht alle haben kann –!

Gewiß: das Spiel ist etwas alt.
Ich weiß, daß zwischen Spree und Elbe
das Dramolet ja stets dasselbe,
doch denk ich alle, alle Male:
entfern ich diesmal nur die Schale –
was wird sich deinen Blicken zeigen?
Was ist, wenn diese Lippen schweigen?
Nur diesmal greifts mich mit Gewalt …
(Gewiß: das Spiel ist etwas alt.)

Daß man nicht alle haben kann –!
Das läßt sich zeitlich auch nicht machen …
Ich weiß, jetzt wirst du wieder lachen!
Ich komm doch stets nach den Exzessen
zu dir und kann dich nicht vergessen.
So gib mir denn nach langem Wandern
die Summe aller jener andern.
Sei du die Welt für einen Mann …
weil er nicht alle haben kann.

Sehnsucht nach der Sehnsucht

Erst wollte ich mich dir in Keuschheit nahn.
Die Kette schmolz.
Ich bin doch schließlich, schließlich auch ein Mann,
und nicht von Holz.

Der Mai ist da. Der Vogel Pirol pfeift.
Es geht was um.
Und wer sich dies und wer sich das verkneift,
der ist schön dumm.

Denn mit der Seelenfreundschaft – liebste Frau,
hier dies Gedicht
zeigt mir und Ihnen treffend und genau:
es geht ja nicht.

Es geht nicht, wenn die linde Luft weht und
die Amsel singt –
wir brauchen alle einen roten Mund,
der uns beschwingt.

Wir brauchen alle etwas, das das Blut
rasch vorwärtstreibt –
es dichtet sich doch noch einmal so gut,
wenn man beweibt.

Doch heller noch tönt meiner Leier Klang,
wenn du versagst,
was ich entbehrte öde Jahre lang –
wenn du nicht magst.

So süß ist keine Liebesmelodie,
so frisch kein Bad,
so freundlich keine kleine Brust wie die,
die man nicht hat.

Die Wirklichkeit hat es noch nie gekonnt,
weil sie nichts hält.
Und strahlend überschleiert mir dein Blond
die ganze Welt.

WENN DIE IGEL IN DER ABENDSTUNDE

Für achtstimmigen Männerchor

Wenn die Igel in der Abendstunde
still nach ihren Mäusen gehn,
hing auch ich verzückt an deinem Munde,
und es war um mich geschehn –
    Anna-Luise –!

Dein Papa ist kühn und Geometer,
er hat zwei Kanarienvögelein;
auf den Sonnabend aber geht er
gern zum Pilsner in'n Gesangverein –
    Anna-Luise –!

Sagt' ich: »Wirst die meine du in Bälde?«,
blicktest du voll süßer Träumerei
auf das grüne Vandervelde,
und du dachtest dir dein Teil dabei,
    Anna-Luise –!

Und du gabst dich mir im Unterholze
einmal hin und einmal her,
und du fragtest mich mit deutschem Stolze,
ob ich auch im Krieg gewesen wär ...
    Anna-Luise –!

Ach, ich habe dich ja so belogen!
Hab gesagt, mir wär ein Kreuz von Eisen wert,
als Gefreiter wär ich ausgezogen,
und als Hauptmann wär ich heimgekehrt –
    Anna-Luise –!

Als wir standen bei der Eberesche,
wo der Kronprinz einst gepflanzet hat,
raschelte ganz leise deine Wäsche,
und du strichst dir deine Röcke glatt,
    Anna-Luise –!

Möchtest nie wo andershin du strichen!
Siehst du dort die ersten Sterne gehn?
Habe Dank für alle unvergesserlichen
Stunden und auf Wiedersehn!
    Anna-Luise –!

Denn der schönste Platz, der hier auf Erden mein,
das ist Heidelberg in Wien am Rhein,
   Seemannslos.
Keine, die wie du die Flöte bliese …!
Lebe wohl! Leb wohl.
   Anna-Luise –!

CHANSON

Aus dem Ungarischen
Gesungen von Gussy Holl

Da ist ein Land – ein ganz kleines Land –
  Japan heißt es mit Namen.
Zierlich die Häuser und zierlich der Strand,
  zierlich die Liliputdamen.
Bäume so groß wie Radieschen im Mai.
Turm der Pagode so hoch wie ein Ei –
    Hügel und Berg
    klein wie ein Zwerg.
Trippeln die zarten Gestalten im Moos,
fragt man sich: Was mag das sein?
  In Europa ist alles so groß, so groß –
  und in Japan ist alles so klein!

Da sitzt die Geisha. Ihr Haar glänzt wie Lack.
  Leise duftet die Rose.
Vor ihr steht plaudernd im strahlenden Tag
  kräftig der junge Matrose.
Und er erzählt diesem seidenen Kind
davon, wie groß seine Landsleute sind.
    Straße und Saal
    pyramidal.

Sieh, und die Kleine wundert sich bloß –
denkt sich: Wie mag das wohl sein?
    In Europa ist alles so groß, so groß –
    und in Japan ist alles so klein!

Da ist ein Wald – ein ganz kleiner Wald –
    abendlich dämmern die Stunden.
Horch! wie das Vogelgezwitscher verhallt …
    Geisha und er sind verschwunden.
Abendland – Morgenland – Mund an Mund –
welch ein natürlicher Völkerschaftsbund!
        Tauber, der girrt,
        Schwalbe, die flirrt.
Und eine Geisha streichelt das Moos,
in den Augen ein Flämmchen, ein Schein …
    In Europa ist alles so groß, so groß –
    und in Japan ist alles so klein.

LÖWENLIEBE

Als jener junge Schopenhauer
am Löwenkäfig in Berlin
der gelben Bestien Wollustschauer
sah stumm an sich vorüberziehn –

da schrieb er auf in seinem Büchlein:
»Der Löwe liebt nicht vehement.
Von Leidenschaft auch nicht ein Rüchlein;
der schwächste Mann scheint mehr potent.«

Der Wille macht noch kein Gewitter.
Gehirn! Gehirn gehört dazu.
Der muskelstarke Eisenritter
gibt bald im Frauenschoße Ruh.

Du liebst. Und heller noch und wacher
fühlt dein Gehirn und denkt dein Herz.
Der Phallus ist ein Lustentfacher –
du stehst und schwingst dich höhenwärts.

Du liebst. Wo andre dumpf versinken,
bist du erst tausendfältig da.
Laß mich aus tausend Quellen trinken,
du Venus Reflectoria –!

Berauscht – ach, daß ichs stets so bliebe!
Getönt, bewußt, erhöht, gestuft –
Das ist die wahre Löwenliebe.
Du Raubtierfrau!
                              Es ruft. Es ruft.

AUGEN IN DER GROSS-STADT

Wenn du zur Arbeit gehst
am frühen Morgen,
wenn du am Bahnhof stehst
mit deinen Sorgen:
    da zeigt die Stadt
    dir asphaltglatt
       im Menschentrichter
       Millionen Gesichter:
Zwei fremde Augen, ein kurzer Blick,
die Braue, Pupillen, die Lider –
Was war das? vielleicht dein Lebensglück …
vorbei, verweht, nie wieder.

Du gehst dein Leben lang
auf tausend Straßen;
du siehst auf deinem Gang,
die dich vergaßen.
      Ein Auge winkt,
      die Seele klingt;
    du hasts gefunden,
    nur für Sekunden …
Zwei fremde Augen, ein kurzer Blick,
die Braue, Pupillen, die Lider;

Was war das? kein Mensch dreht die Zeit zurück …
Vorbei, verweht, nie wieder.

Du mußt auf deinem Gang
durch Städte wandern;
siehst einen Pulsschlag lang
den fremden Andern.
        Es kann ein Feind sein,
        es kann ein Freund sein,
        es kann im Kampfe dein
        Genosse sein.
    Es sieht hinüber
    und zieht vorüber …
Zwei fremde Augen, ein kurzer Blick,
die Braue, Pupillen, die Lider.
Was war das?
        Von der großen Menschheit ein Stück!
Vorbei, verweht, nie wieder.

SIE SCHLÄFT

Morgens, vom letzten Schlaf ein Stück,
nimm mich ein bißchen mit –
auf deinem Traumboot zu gleiten ist Glück –
Die Zeituhr geht ihren harten Schritt …
    pick-pack …

»Sie schläft mit ihm« ist ein gutes Wort.
Im Schlaf fließt das Dunkle zusammen.
Zwei sind keins: Es knistern die kleinen Flammen,
aber dein Atem fächelt sie fort.
Ich bin aus der Welt. Ich will nie wieder in sie zurück –
jetzt, wo du nicht bist, bist du ganz mein.
Morgens, im letzten Schlummer ein Stück,
kann ich dein Gefährte sein.

BLICK IN DIE ZUKUNFT

Du schläfst bei mir. Da plötzlich, in der
   Nacht, du liebe Dame,
Bist du mit einem Laut mir jäh erwacht –
   War das ein Name?

Ich horche. Und du sagst es noch einmal –
   im Halbschlaf: »Leo …«
Bleib bei der Sache, Göttin meiner Wahl!
   Ich heiße Theo.

Noch bin ich bei dir. Wenn die Stunde
   naht, da wir uns trennen:
Vielleicht lernt dich dann ein Regierungs-
   rat im Teeraum kennen.

Und gibst du seinen Armen nachts dich preis,
   den stolzen Siegern: –
Dann flüstre einmal meinen Namen leis
   und denk an Tigern.

MALWINE

Ich habe mich deinetwegen
gewaschen und rasiert.
Ich wollte mich zu dir legen
  mit einem Viertelchen,
  mit einem Achtelchen –
    Malwine!
Doch du hast dich geziert.

Der Kuckuck hat geschrien
auf deiner Schwarzwalduhr.
Ich lag vor deinen Knien:
  »Gib mir ein Viertelchen!
  Gib mir ein Achtelchen!
    Malwine!
Ein kleines Stückchen nur!«

Dein Bräutigam war prosaisch.
Demselben hat gefehlt,
dieweilen er mosaisch,
  ein kleines Viertelchen,
  ein kleines Achtelchen …
das hätt dich sehr gequält!

Du hast mir nichts gegeben
und sahst mich prüfend an.
Das, was du brauchst im Leben,
    sei nicht ein Viertelchen,
    und nicht ein Achtelchen …
das sei ein ganzer Mann –!

Mich hat das tief betroffen.
Dein Blick hat mich gefragt …
Ich ließ die Frage offen
und habe nichts gesagt.
    Daß wir uns nicht besaßen!
So aalglatt war mein Kinn.
Nun irr ich durch die Straßen …
    Malwine – !
und weine vor mich hin.

HERZ MIT EINEM SPRUNG

Im Gesicht und auch in Sachsen,
wo die Meise piepst,
laß ich den Bart mir wachsen,
weil du mich nicht mehr liebst.
   Susala und dusala –
weil du mich nicht mehr liebst.

Wir waren beide einsam;
auch ich als Woll-Agent.
Die Herzen waren gemeinsam,
die Kassen waren getrennt.
   Susala und dusala –
Da bin ich konsequent.

Du sagst, du wärst im Training
wohl für ein Fecht-Turnier.
Du aßest gar nicht wening
und hattst nie Geld bei dir …
   Susala und dusala –
Man ist ja Kavalier.

Du aßest frisch und munter
nicht ohne jeden Charme
die Karte rauf und runter,
die Küche kalt und warm.
    Susala und dusala –
dem Kellner schmerzt der Arm.

Ich fand das übertrieben
und sah dich zornig an.
Ein Mann will gratis lieben,
sonst ist er gar kein Mann!

Ich kann dich nicht vergessen.
Noch heut könnt ich dich maln.
Du hast zuviel gegessen …
Wer kann denn das bezahln!
    Susala und dusala –
Wer kann denn das bezahln!

Ums Kinn starrn mir die Stoppeln.
Mein Vollbart ist noch jung.
So fahr ich nun nach Oppeln
zu ner Versteigerung …
    Doch mein Herz,
    doch mein Herz,
doch mein Herz
        hat einen Sprung –!

Zwischen den Schlachten

Leidige Politika!
Clementine, süßer Fetzen!
Laß mich mich an dir ergetzen –
bin so wild, seit ich dich sah,
Venus Amathusia!

Mädchen mit dem kleinen Ohr,
mit den maßvoll fetten Beinen,
sieh vor Lust mich leise weinen,
ein verliebter heißer Tor ...
Hogarth nennt dies Bild: Before.

Aber eine Nacht darauf?
Schweigt dein Troubadour und schlaft er?
Hogarth nennt dies Bildchen: After.
Sieh, das ist der Welten Lauf –
hebst du die Gefühle auf?

Bald bin ich dir wieder nah.
Schau, ich kann nur manchmal lügen.
Du tusts stets in vollen Zügen.
Laß dir nur an mir genügen
zwischen Noske, Kahl und Spa –
Venus Amathusia!

LIED ANS GRAMMOPHON

Nobody's fault but your own
Brunswick A 8284

Nun komm, du kleine Nähmaschine,
und näh mir leise einen vor.
Ich denke dann an Clementine,
du säuselst sanft mir in das Ohr.
    Und am Klavier ohn Unterlaß
    führt rhythmisch einer seinen Baß.

Sie war so lieb. Kocht ich im Grimme,
weil jemand mich geärgert hat,
dann sang sie mit der Oberstimme
und strich mir alle Falten glatt.
    Und am Klavier ohn Unterlaß
    führt rhythmisch einer seinen Baß.
        pom-pom

Still sah sie immer nach dem Rechten
und stellte alles so nett hin.
Am Tage kühl. Doch in den Nächten
zerschmolz die süße Schaffnerin.
        pom-pom

O spiele weiter!
                    Clementine
war ihrerseits aus Brandenburch.
Sie trog mich mit der Unschuldsmiene
und ging mit einem Dichter durch.

Bei dem ist sie bis heut geblieben.
Gewiß ... der Mann hat keinen Bauch.
Und er hat alles klein geschrieben;
stefan george tut das auch;
    und im klavier ohn unterlaß
    führt rhythmisch einer seinen baß.

Du spielst. Ich muß mich still besaufen.
Voll ist das Glas und wieder leer.
He! Holla! Du bist abgelaufen ...
Die Nadel knirscht. Du singst nicht mehr.
    In meinem Ohr ohn Unterlaß
    rauscht rhythmisch unser Schicksalsbaß:
        pom-pom

SAUFLIED, GANZ ALLEIN

Manchmal denke ich an dich,
das bekommt mich aber nich,
   denn am nächsten Tag bin ich so müde.
Du mein holdes Glasgespinst!
Ob du dich auf mich besinnst?
   Morgens warst du immer etwas prüde.
     Darum trink ich auf dein Wohl
     dieses Gläschen Alkohol!
     Braun und blond – rot und schwarz –
       Ihr sollt leben!

Deine Augen sind so blau
ganz genau wie bei der Frau
   Erna Margot Glyn-Kaliski.
Rheinwein ist nicht stark genug,
darum nehm ich einen Schluck
   von dem guten, gelben Whisky.
     Und ich trinke auf dein Wohl
     dieses Fläschchen Alikol –
     Braun und Blond – Black and White …
   Ihr sollt leben!

Tinte, Rotwein und Odol
sind drei Flüssigkeiten wohl –
    davon kann der Mensch schon leben.
So schön kannst du gar nicht sein,
wie in meinen Träumerein –
    so viel kannst du gar nicht geben.
        Allerschönste Frauenzier,
        ach, wie gut, daß du nicht hier!
        Oh, wie gerne man doch küßt,
        wenn die Frau wo anders ist …!
        Und darum trink ich auf dein Wohl!
        Nun ade, mein Land Tirol!
        Lebe wohl! Nur in den kleinen Räuschen
        lebe wohl, kann die Frau uns nicht enttäuschen!
        Lebe wohl! Lebe wohl!
        Lebe wohl, mein Land Tirol –!

NEBENAN

Es raschelt so im Nebenzimmer
im zweiten Stock, 310 –
ich sehe einen gelben Schimmer,
ich höre, doch ich kann nichts sehn.
    Lacht eine Frau? spricht da ein Mann?
    ich halte meinen Atem an –
Sind das da zwei? was die wohl sagen?
ich spüre Uhrgetick und Pulse schlagen …
    Ohr an die Wand. Was hör ich dann
        von nebenan –?

Knackt da ein Bett? Rauscht da ein Kissen?
Ist das mein Atem oder der
von jenen … alles will ich wissen!
Gib, Gott, den Lautverstärker her –!
    Ein Stöhnen; hab ichs nicht gewußt …
    Ich zecke an der fremden Lust;
ich will sie voller Graun beneiden
um jenes Dritte, über beiden,
    das weder sie noch er empfinden kann …
        »Marie –!«
        Zerplatzt.
        Ein Stubenmädchen war nur nebenan.

War ich als Kind wo eingeladen–:
nur auswärts schmeckt das Essen schön.
Bei andern siehst du die Fassaden,
hörst nur Musik und Lustgestöhn.
  Ich auch! ich auch! es greift die Hand
  nach einem nicht vorhandenen Land:
    Ja, da –! strahlt warmer Lampenschimmer.
    Ja, da ist Heimat und das Glück.
    In jeder Straße läßt du immer
    ein kleines Stückchen Herz zurück.
  Darfst nie der eigenen Schwäche fluchen;
  mußt immer nach einem Dolchstoß suchen.
    Ja, da könnt ich in Ruhe schreiben!
    Ja, hier –! hier möcht ich immer bleiben,
    in dieser Landschaft, wo wir stehn,
    und ich möchte nie mehr nach Hause gehen.

Schön ist nur, was niemals dein.
Es ist heiter, zu reisen, und schrecklich, zu sein.
  Ewiger, ewiger Wandersmann
  Und das kleine Zimmer nebenan.

In der Kahlbaum-Diele [Auszug]

In der Nacht, wenns uns Vergnügen macht,
und wenn der Mond, der alte Bummler, runterlacht,
ziehn wir los mit einer Menge Moos
und wissen ganz genau, die Stimmung wird famos.
In der Nacht, wenn jede Jazzband kracht,
und wenn die heiße Liebe brennt, die wir entfacht.
Na gehn wir mal mit mächtigem Skandal
von einem in das andre Nachtlokal.

AUF EIN FROLLEIN

Gott Amor zieht die Pfeile aus dem Köcher,
er schießt. Ich bleib betroffen stehen.
Und du machst so verliebte Nasenlöcher …
Da muß ich wohl zum Angriff übergehn.

»Gestatten Sie … !« Du kokettierst verständig.
Dein Auge prüft den dicken Knaben stumm.
Das ganze Kino wird in dir lebendig,
du wackelst vorn und wackelst hinten rum.

In deinem Blick sind alle Bumskapellen
der Sonnabendabende, wo was geschieht.
Ich hör dich Butterbrot zum Aal bestellen –
Gott segne deinen lieben Appetit!

Ich führ dich durch Theater und Lokale,
durch Paradiese in der Liebe Land;
du gibst im Auto mir mit einem Male
die manikürte, kleine, dicke Hand.

Aus weiten Hosen seh ich dich entblättern,
halb keusche Jungfrau noch und halb Madame.
Ich laß dich sachte auf die Walstatt klettern …
Du liebst gediegen, fest und preußisch-stramm.

Und hinterher bereden wir im Dunkeln
die kleinen Kümmernisse vom Büro.
Durch Jalousien die Bogenlampen funkeln …
Du mußt nach Haus. Das ist nun einmal so.

Ich weiß. Ich weiß. Schon will ich weiterschieben –.
Ich weiß, wie die berliner Venus labt.
Und doch: noch einmal laß mich lieben
dich
    wie gehabt.

GUTE NACHT!

Ich geh mit meinen Wanzen schlafen,
rotbraun und platt.
Quartiert bin ich bei einem Grafen,
der viele hat.

Des Nachts, wenn alle Sterne funkeln,
dann ziehen still
die fleißigen Scharen hin im Dunkeln,
wie Gott es will.

Sie kommen aus den schmalen Ritzen,
aus dem Parkett;
die feinem aber fastend sitzen
des Tags im Bett.

Sie pieken mich. Es schwillt zu riesigen
Fleischklümpchen an, was sie gepackt;
das macht die Beißekunst der Hiesigen –
die sind exakt.

Sie pieken mich. Es juckt. Zum Glücke
ist morgen alles wieder rein.
Und wenn ich eine sanft zerdrücke,
gedenk ich dein.

ABSCHIED VON DER JUNGGESELLENZEIT

Agathe, wackel nicht mehr mit dem Busen!
Die letzten roten Astern trag herbei!
Laß die Verführungskünste bunter Blusen,
das Zwinkern laß, den kleinen Wollustschrei …
Nicht mehr für dich foxtrotten meine Musen –
vorbei – vorbei …
Es schminkt sich ab der Junggesellenmime:
Leb wohl! Ich nehm mir eine Legitime!

Leb, Magdalene, wohl! Du konntest packen,
wenn du mich mochtest, bis ich grün und blau.
Geliebtendämmerung. Der Mond der weißen Backen
verdämmert sacht. Jetzt hab ich eine Frau.
Leb, Lotte, wohl! Dein kleiner fester Nacken
ruht itzt in einem andern Liebesbau …
Lebt alle wohl! Muß ich von Kindern lesen:
Ich schwör sie ab. Ich bin es nicht gewesen.

Nur eine bleibt mir noch in Ehezeiten –
in dieser Hinsicht ist die Gattin blind –,
Dein denk ich noch in allen Landespleiten:
Germania! gutes, dickes, dummes Kind!
Wir lieben uns und maulen und wir streiten
und sind uns doch au fond recht wohlgesinnt …
Schlaf nicht bei den Soldaten! Das setzt Hiebe!
Komm, bleib bei uns! Du meine alte Liebe –!

EINE KLEINE GEBURT

Ich lebte mit Frau Sobernheimer;
sie war so lieb, sie war so nett.
Wir wuschen uns im selben Eimer,
wir schliefen in demselben Bett.
  So trieben wir es manches Jahr …
  Bis sie den Knaben mir gebar.

Doch dieser Knabe war kein Knabe.
Wir hatten in der dunklen Nacht
als Zeitvertreib und Liebesgabe
uns dieses Wesen ausgedacht.
  Frau S. war jeden Kindes bar.
  Der Knabe, der hieß Waldemar.

Und war so klug! – Nach fünfzehn Tagen,
gelebt im Kinderparadies,
da konnte er schon Scheibe sagen,
bis man ihm solches leicht verwies.
  Er setzte sich aufs Tintenfaß
  und machte meinen Schreibtisch naß.

Er wuchs heran, der Eltern Freude,
ein braves, aufgewecktes Kind.
Wir merkten an ihm alle beude,
wie süß der Liebe Früchte sind.
    Da fragte Mutti ganz real:
    »Was wird der Junge denn nun mal –?«

Hebamme? General? Direktor?
Bootlegger? Hirt? Ein Schiffsbarbier?
Verlorner Mädchenheim-Inspektor?
Biographist? Gerichtsvollziehr?
    Ein Freudenmännchen? Jubilar –?
    Uneinig war das Elternpaar.

Ein Krach stieg auf, bis zu den Sternen!
Frau S., die krisch. Die Türe knallt.
Sie wollt ihn lassen Bildung lernen,
ich aber war für Staatsanwalt.
    Ein Kompromiß nahm sie nicht an:
    im Kino, als Bedürfnismann.

Der Lümmel grölte in der Küche
und fand den Krach ganz wunderbar.
So ging die Liebe in die Brüche –
und alles wegen Waldemar?
    Da sprach ich fest: »Mein trautes Glück!
    Wir geben dieses Jör zurück!«

Gemacht.
    Nun ist Frau Sobernheimer
wie ehedem so lieb und nett.
Wir waschen uns im selben Eimer,
wir schlafen in demselben Bett.
    Und denken nur noch hier und dar
    mal an den seligen Waldemar.

BALLADE

Da sprach der Landrat unter Stöhnen:
»Könnten Sie sich an meinen Körper gewöhnen?«
Und es sagte ihm Frau Kaludrigkeit:
»Vielleicht. Vielleicht.
                Mit der Zeit … mit der Zeit …«
  Und der Landrat begann allnächtlich im Schlafe
  laut zu sprechen und wurde ihr Schklafe.
  Und er war ihr hörig und sah alle Zeit
  Frau Kaludrigkeit – Frau Kaludrigkeit!

Und obgleich der Landrat zum Zentrum gehörte,
wars eine Schande, wie daß er röhrte;
er schlich der Kaludrigkeit ums Haus …
Die hieß so – und sah ganz anders aus:
  Ihre Mutter hatte es einst in Brasilien
  mit einem Herrn der bessern Familien.
  Sie war ein Halbblut, ein Viertelblut:
  nußbraun, kreolisch; es stand ihr sehr gut.
  Und der Landrat balzte: Wann ist es soweit?
  Frau Kaludrigkeit – Frau Kaludrigkeit!

Und eines Abends im Monat September
war das Halbblut müde von seinem Gebember
und zog sich aus. Und sagte: »Ich bin …«
und legte sich herrlich nußbraun hin.

    Der Landrat dachte, ihn träfe der Schlag!
    Unvorbereitet fand ihn der Tag.
    Nie hätt er gehofft, es noch zu erreichen.
    Und er ging hin und tat desgleichen.

Pause

Sie lag auf den Armen und atmete kaum.
Ihr Pyjama flammte, ein bunter Traum.
Er glaubte, ihren Herzschlag zu spüren.
Er wagte sie nicht mehr zu berühren …

    Er sann, der Landrat. Was war das, soeben?
    Sie hatte ihm alles und nichts gegeben.
    Und obgleich der Landrat vom Zentrum war,
    wurde ihm plötzlich eines klar:
    Er war nicht der Mann für dieses Wesen.
    Sie war ein Buch. Er konnt es nicht lesen.
    Was dann zwischen Liebenden vor sich geht,
    ist eine leere Formalität.

Und so lernte der Mann in Minutenfrist,
daß nicht jede Erfüllung Erfüllung ist.
Und belästigte nie mehr seit dieser Zeit
die schöne Frau Inez Kaludrigkeit.

Versunkenes Träumen

Lieblich ruht der Busen, auf dem Tisch,
jener Jungfrau, welche rosig ist und frisch.

Ach, er ist so kugelig und gerundet,
daß er mir schon in Gedanken mundet.

Heil und Sieg dereinst dem feinen Knaben,
dem es freisteht, sich daran zu laben.

Jener wird erst stöhnen und sich recken;
aber nachher bleibt er sicher stecken.

Heirat, Kinder und ein häusliches Frangssäh –
nichts von Liebesnacht und jenem Kanapee …

Ich hingegen sitz bei ihren Brüsten,
und – gedanklich – dient sie meinen Lüsten.

Doch dann steh ich auf und schlenkre froh mein Bein,
schiebe ab,
bin frei –
und lasse Jungfer Jungfer sein! –

DER TYRANN

Für Mary

Der fette Oberkönig Peter
sitzt stolz auf seinem Atlasthron;
der Bauch: ein dicker Gasometer,
das übrige: du weißt es schon.

Der Hofstaat flüstert: »Seine Hoheit
sind heute ganz besonders satt.
Es wäre eine Herzensroheit,
ihn zu bewegen. Er ist matt.«

Der fette Oberkönig Peter
bohrt sinnend in der Nase Grund.
Der Frühstücksschweinebraten, steht er
ihm schon am Hals? (Wie ungesund!)

Da rauscht durch eine Tür die Gattin,
ein Szepter poltert aufs Parkett –
und schwuppdiwupps! – die Blonde hat ihn
ganz aufgebracht aus Ruh und Fett.

Der fette Oberkönig Peter
schnauft emsig aus dem Herrscherbau.
Und klein, bescheiden, artig geht er
im Park an ihrer Seite später – –
Ich sag es ja: die Frau, die Frau …!

DIE ARME FRAU

Mein Mann? mein dicker Mann, der Dichter?
Du lieber Gott, da seid mir still!
Ein Don Juan? Ein braver, schlichter
Bourgeois – wie Gott ihn haben will.

Da steht in seinen schmalen Büchern,
wieviele Frauen er geküßt;
von seidenen Haaren, seidenen Tüchern,
Begehren, Kitzel, Brunst, Gelüst …

Liebwerte Schwestern, laßt die Briefe,
den anonymen Veilchenstrauß!
Es könnt ihn stören, wenn er schliefe.
Denn meist ruht sich der Dicke aus.

Und faul und fett und so gefräßig
ist er und immer indigniert.
Und dabei gluckert er unmäßig
vom Rotwein, den er temperiert.

Ich sah euch wilder und erpichter
von Tag zu Tag – ach! laßt das sein!
Mein Mann? mein dicker Mann, der Dichter?
In Büchern: ja.
                    Im Leben: nein

NUR

Dies singt eine Dame
im Dreivierteltakt

Manchmal auf Bällen und Festen
tritt in den Saal ein freundlicher Mann,
an Geist und Kultur von den Besten …
und macht sich an die Frauen heran.
Doch schon nach wenigen Minuten
ist alles zersprungen wie Glas –
Von Geist keine Spur,
nichts mehr von Kultur:
    Nur – nur – das.

Berühmtheit ist ja kein Einwand
gegen Männer, die in den Filmen stehn.
Ich lüpfte neulich die Leinwand,
ich wollt mal einen näher sehn.
Ach, war das eine Enttäuschung!
Ich bekam einen kältenden Haß –
Von Herz keine Spur,
eine Karikatur …
Und
    nur – nur – das.

Ich nahm den Tee und den Kuchen
in Berlin und Frohnau und mal hier und mal dort.
Nun, dacht ich, willst mal versuchen
eine Freundschaft mit einem Herrn vom Sport.
Der bricht das eigne Training –
auf wen ist denn heut noch Verlaß …?
Von Hirn keine Spur,
eine hübsche Figur –
aber sonst

   nur – nur – das.

Wie kann man Frauen so verkennen?
Mein Gott, sie sind ja gar nicht so!
Gewiß, es will jede entbrennen …
aber doch nicht stets und irgendwo!
Auf Harfen kann jedermann klimpern,
es fragt sich nur: Wer spielt – und was …
Und spielt er dann nur
nach unsrer Natur –:
Dann gern

        auch das.

SIE, ZU IHM

Ich hab dir alles hingegeben:
mich, meine Seele, Zeit und Geld.
    Du bist ein Mann – du bist mein Leben,
    du meine kleine Unterwelt.
        Doch habe ich mein Glück gefunden,
        seh ich dir manchmal ins Gesicht:
        Ich kenn dich in so vielen Stunden –
        nein, zärtlich bist du nicht.

Du küßt recht gut. Auf manche Weise
zeigst du mir, was das ist: Genuß.
Du hörst gern Klatsch. Du sagst mir leise,
wann ich die Lippen nachziehn muß.
    Du bleibst sogar vor andern Frauen
    in gut gespieltem Gleichgewicht;
    man kann dir manchmal sogar trauen ...
    aber zärtlich bist du nicht.

O wärst du zärtlich!
                    Meinetwegen
kannst du sogar gefühlvoll sein.
Mensch, wie ein warmer Frühlingsregen
so hüllte Zärtlichkeit mich ein!
    Wärst du der Weiche von uns beiden,
    wärst du der Dumme. Bube sticht.
    Denn wer mehr liebt, der muß mehr leiden.
    Nein, zärtlich bist du nicht.

DANACH

Es wird nach einem happy end
im Film jewöhnlich abjeblendt.
    Man sieht bloß noch in ihre Lippen
    den Helden seinen Schnurrbart stippen –
    da hat sie nu den Schentelmen.
        Na, un denn –?

Denn jehn die beeden brav ins Bett.
Na ja ... diß is ja auch janz nett.
    A manchmal möcht man doch jern wissn:
    Wat tun se, wenn se sich nich kissn?
    Die könn ja doch nich imma penn ...!
        Na, un denn –?

Denn säuselt im Kamin der Wind.
Denn kricht det junge Paar 'n Kind.
    Denn kocht sie Milch. Die Milch looft üba.
    Denn macht er Krach. Denn weent sie drüba.
    Denn wolln sich beede jänzlich trenn ...
        Na, un denn –?

Denn is det Kind nich uffn Damm.
Denn bleihm die beeden doch zesamm.
   Denn quäln se sich noch manche Jahre.
   Er will noch wat mit blonde Haare:
   vorn doof und hinten minorenn …
      Na, un denn –?

Denn sind se alt.
                  Der Sohn haut ab.
Der Olle macht nu ooch bald schlapp.
   Vajessen Kuß und Schnurrbartzeit –
   Ach, Menschenskind, wie liecht det weit!
   Wie der noch scharf uff Muttern war,
   det is schon beinah nich mehr wahr!
   Der olle Mann denkt so zurück:
   wat hat er nu von seinen Jlück?
   Die Ehe war zum jrößten Teile
   vabrühte Milch un Langeweile.
Und darum wird beim happy end
im Film jewöhnlich abjeblendt.

Der Reichtum ist der Lohn des Bösewichts.

AN PETER PANTER

Peter Panter, Mitarbeiter!
Steig doch auf die hohe Leiter!
Singe doch von aktuellen
Zeitgenossenzwischenfällen!

Laß die Liebe, laß die Damen
mit den freundlich blonden Namen;
laß die bunten Busentücher –
und vor allem: laß die Bücher!

Laß sie Bücher schreiben, drucken –
wozu da hinuntergucken!
Frisch! hinein ins volle Leben!
Aktuell mußt du dich geben!

Sieh mich an! Fast jede Woche
pfeif ich auf dem Flötenloche:
Reichstag, Wahlrecht, Osten, Westen,
Presse, Orden, Schweinemästen –!

Tanz die nationale Runde!
Kennst du das Gebot der Stunde?
Höcker macht das viel gewandter,
Peter Panter, Peter Panter!

Du mußt aktueller schwätzen,
und man wird dich höher schätzen!
Lerne du im Hurraschrein:
man darf nicht beschaulich sein.

GESTOSSENER SEUFZER

Kreuzt mir die Lustjacht in der Badewanne?
Knirscht mir das Auto auf dem gelben Kies?
Bräunt mir das Roßbüff in der Kupferpfanne?
Blitzt mir am Hemd der Diamant-Türkis?
    Hin hauch ich einen Seufzer des Verzichts:
        ich brings zu nichts.

Ich weiß nicht, was das ist und wie ichs treibe …
Ich spare manchen vordatierten Scheck.
Und dann naht Lottchen mit dem Lotterleibe,
und dann ist alles wieder weg.
    Infolge ihres Liebesunterrichts …
        Ich brings zu nichts.

Die andern häufen so Vermögen auf Vermögen.
Die andern wandeln durch das Goldportal.
Ich aber kann mir nichts nach hinten legen;
ich hab noch nie – und möchte auch einmal.
    Der Reichtum ist der Lohn des Bösewichts.
        Ich brings zu nichts.

So lern doch endlich von den andern Knaben
die einzig brauchbare Philosophie:
Es g'nügt nicht nur, Verhältnisse zu haben –
sie leben alle über sie.

Trink aus der Nachbarin Champagnerglas!
Bleib schuldig Miete, Liebe, Arzt und Gas!
Bezahl den Apfel – friß die Ananas!
Wer also handelt, bringts zu was.

DER SUCHER

Such – such
suche immer nach dem Geld.
Dann kommt es an.
Such – such
such es auf der ganzen Welt!
Denk immer dran!
   Krieche ihm nach.
   Leck auf seine Spur!
   Sei nicht schwach –
   denk immer nur:
Verdienen! Verdienen! Verdienen!
Verdienen! Verdienen! Verdienen!
   Ernst ist die Spekulation.
   Aber lieben – aber lieben –
   aber lieben mußt du es schon.

Such – such
suche immer den Erfolg.
Dann kommt er an.
Pfeif – pfeif –
pfeife auf das ganze Volk!
Tritt auf den Vordermann!
    Schmeichle der Macht!
    Sag immer Ja.
    Bei Tag und bei Nacht.
    Halleluja – Hurra!
Nach oben! Nach oben! Nach oben!
Nach oben! Nach oben! Nach oben!
    Geld winkt dir als Lohn.
    Aber lieben – aber lieben –
    aber lieben mußt du es schon.

Such – such
suche immer nach dem Glück.
Dann kommt es – wenn es will.
Dein Herz
ist ein Serienstück;
einmal steht es still.
Wenn du dich dann
nach dem goldnen Tanz
präsentierst
zur großen Bilanz:
»Ich hoffe, man wird mich hier loben!
Da unten lag ich immer oben!«
Kann sein, daß DIE STIMME spricht:
Mensch, dein Leben –
          Mensch, dein Leben –
Ja, ein Leben war das nicht.

RAFFKE

Ick bin die allerneuste Zeiterscheinung,
Sie treffen mir an alle Orte an –
ick pfeife uff die öffentliche Meinung,
weil ick als Raffke mir det leisten kann.
Ick bin die feinste von die feinen Nummern,
ick steh schon in die Illustrierte drin;
denn ob Jeschäfte oder Sekt und Hummern:
Ick knie mir rin, ick knie mir richtig rin!

Mein Vata war ein kleiner Weichenstella,
und meine Jugend, die war sehr bewegt –
ick stand doch damals in'n Jemisekella,
wo meine Frau die Jurken einjelegt.
Denn stieg ick uff. Und wurde richtig Raffke.
Und steckt die janze Welt in'n Dalles drin: –
Det macht mir nischt, denn ick vadiene daffke.
Ick knie mir rin, ick knie mir richtig rin!

Von wejen Kunst un so – ick kenn Tosellin!
Ick weiß, der Strauß, der singt det hohe Fis.
Nur weiß ick nich jenau von Boticellin,
ob det nun 'n Cognak oder 'n Keese is,
'n Bild in Auftrag jeben dhu ick imma,
weil ick nu mal 'n großer Meez'n bin –
Jefällt mies nich, häng icks ins Badezimma:
Ick knie mir rin, ick knie mir richtig rin!

In der Jeschäfte wüsten Lärm und Hasten
vajeß ick auch die süße Liebe nicht.
Sie, meine Olle is valleicht 'n Kasten,
die hat so zweihalb Zentner Schwerjewicht!
Aus meinen Schloß mit seine Silberputten,
da mach ick raus, wenn ick alleene bin –
Et jibt ja Jott sei Dank noch so viel Nutten –
Wat Sie hier sehn an meine dicken Händen,
den janzen Perlen- und Brillant-Salat –
Sie, det sin alles meine Dividenden,
denn ick bin dreißigfacher Aufsichtsrat.
Und in den alljemeinen Weltenkoller,
da schieb ick still zur Bank von England hin:
Und macht ihrs doll – ick mache immer Dollar!
Ick knie mir rin, ick knie mir richtig rin!

BETRIEBSUNFALL

Hat eine Katze Ellenbogen?
Nein.
Hat jemals ein Bankier betrogen?
Nein.
Und wenn er mal und hat er mal und fällt er schon mal
rein:
dann kann das kein Bankier gewesen sein.

Liest du das gern, nachmittags aufm Sofa?
Nein.
Entschädigt einer Schultheiß-Patzenhofa?
Nein.
Und setzt auch dem der Staatsanwalt in seinen Pelz ne
Laus:
dann holn ihn die Verteidiger wieder raus.

Ist das nun für die Börse sehr betrüblich?
Nein.
Ist das auch bei den andern üblich?
Ja.
Ich lese still den Handelsteil, und seh ich so den Mist:
man weiß nie, was noch Tüchtigkeit und was schon
Schiebung ist.

AUFTRITTSLIED [AUSZUG]

Aus der tragikomischen
Originalposse »Deutsche Politik«

Wir Bürger in Deutschland, wir habens nicht leicht,
wir führen ein trauriges Leben.
Wir müssen, was irgend der Fiskus erreicht,
dem Steuerbureau übergeben.
Die goldnen Pretiosen,
getragene Hosen,
geräucherte Schweine,
gestempelte Scheine –
Zum Glück hab ich alles schon längst in Luzern –
Sonst wärs etwas viel für 'nen einzelnen Herrn!
Ja, sonst wärs etwas viel für 'nen einzelnen Herrn!

DEUTSCHE PLEITE

»Die Geschäfte gehn nicht. Kein Mensch hat Geld.
Es ist ein Elend auf der Welt!
Keine Kredite und keine Kunden!
Wie soll Deutschland dabei gesunden?
Geschäfte machen hat gar keinen Sinn.
Herzliche Grüße! Wir sitzen hier in
Lugano.«

»Heut habe ich wieder welche entlassen.
Wissen Sie, eins kann ich gar nicht fassen,
ununterbrochen frage ich mich:
Wovon leben die Leute eigentlich?
Kredite ... Aufwertung ... Großindustrie ...
Agrarpolitik ... Wo wohnen Sie?
Ich im Palace.«

Alle klagen und alle stöhnen;
keiner kann sich an Friede gewöhnen.
Alle stöhnen und alle klagen
und jammern nach alten Dollartagen.
Manche hört man aber nicht jammern.
Zu sechsen und zehnen in engen Kammern.

Ausgesperrt. Arbeitslos. Ohne Zeitung,
ohne Leitartikel zur Klagenverbreitung.
Die Tuberkulose sei ihnen gnädig …
    Die andern jammern in Rom und Venedig.
    »Kein Geld!« in den Bergen. »Kein Kredit!« am
                                        Strand.

    Armes Land.
            Armes Land.

Die Sonne

Kind, die Sonne ist nur für die reichen Leute,
unsereinen sengt sie, bis der Buckel schwitzt –
heller Himmel macht dich traurig so wie heute,
wenn du müde im Fabriksaal sitzt.

»Bietet denn das Leben nicht uns allen Wonne?«
spricht der bürgerliche Philosoph,
»Da ist euer Frühling, da ist eure Sonne!«
Euer Frühling … Quergebäude, vierter Hof!

Zwischen diesen Furchen wächst ein fahles Pflänzchen,
Leierkasten spielt, und eine Schelle klirrt.
Kinder juchzen, und sie drehn ein Tänzchen – –
unser Frühling … ob das jemals anders wird?

Über soviel weite Straßen möcht ich wandern,
soviel Felder liegen still im warmen Wind –
einmal möcht ich glücklich sein wie jene andern,
die jetzt an der See und in den Bergen sind.

Du und ich und alle kommen doch nicht weiter,
selbst der Enkel plackt sich noch als Arbeitsmann, –
jenen scheint die Sonne, und sie denken heiter:
Preußen, Kind, und Deutschland in der Welt voran!

MERKT IHR NISCHT – ?

Eine ganze Industrie
schluckt die dicken Gelder,
treibt die Preise hoch – denn sie
hat die Kohlenfelder.
    Sie kann schröpfen und sie schröpft
    euch, die Konsumenten;
    von dem Geld, euch abgeknöpft,
    zahlt sie die Agenten …
        Presse, Kinos, süß gemischt –
        Merkt ihr nischt?

Käseblätter schelten brav
auf die Republike.
Und es tapst das deutsche Schaf
nach der Preßmusike.
    Weil der Bauer profitiert
    von den Feldgewächsen:
    loben Filme – wie geschmiert! –
    Fridericus Rexn.
        Warum wird das aufgetischt?
        Merkt ihr nischt –?

Was mit offnen Mäulern prahlt:
»Wir – wir sind die Stärkern!«
Das ist alles bar bezahlt –
und von euern Märkern!
    Vorn der Militärsoldat
    und die Ideale –
    hinten steht ein Syndikat:
    Zahle, Dummkopf, zahle!
        Von der Welt könnt ihr nichts wissen.
        Ach, wie seid ihr angelogen!
        Und sie zahlen blutige Zinsen.
        Und die Bauernfänger grinsen,
        weil ihr alldeutsch aufgefrischt …
            Merkt ihr nischt –?

DEUTSCHE ZEITSCHRIFTEN

In der Schule aufzusagen

Mädchenhafte Treue
und ein lieber Blick
fesseln stets aufs neue,
Leser, dein Geschick.

Auf der Titelseite
sitzt ein junges Kind,
zeigt in voller Breite
dir ihr Angebind.

Lieblich ist und labend
Flammri-Kochrezept,
Deutsches Dorf am Abend,
und wie man Höschen steppt.

Finder und Entdöcker,
Deutschlands Saft und Kraft,
ein Roman von Höcker
und Kunst und Wissenschaft.

Abonnier und wandre!
Solche Blätter gehn.
Doch es gibt auch andre,
die sind ganz mondän.

Bremen, Köln und Husum
lesen sich halb dumm.
Die sind mehr in usum
masturbantium.

Gents und ihr Kokettchen,
eine Welt: eisfein.
Mädchen im Korsettchen
und ein Kitzelbein.

Letzter Schrei der Moden.
Nutten im Trikot.
Leser liests in Loden,
und er sehnt sich so.

Kerls in Bügelfalten,
Autohandgepäck.
Welt bleibt stets beim Alten:
wünscht den Alltag weg.

Seidenweiche Kissen,
Butzenscheibenzeit –:
Beide Mal Kulissen
vor der Wirklichkeit.

EINE FRAGE

Da stehn die Werkmeister – Mann für Mann.
Der Direktor spricht und sieht sie an:
»Was heißt hier Gewerkschaft! Was heißt hier
                                        Beschwerden!
Es muß viel mehr gearbeitet werden!
Produktionssteigerung! Daß die Räder sich drehn!«
   Eine einzige kleine Frage:
      Für wen?

Ihr sagt: die Maschinen müssen laufen.
Wer soll sich eure Waren denn kaufen?
Eure Angestellten? Denen habt ihr bis jetzt
das Gehalt, wo ihr konntet, heruntergesetzt.
Und die Waren sind im Süden und Norden
deshalb auch nicht billiger geworden.
   Und immer noch sollen die Räder sich drehn …
      Für wen?

Für wen die Plakate und die Reklamen?
Für wen die Autos und Bilderrahmen?
Für wen die Krawatten? die gläsernen Schalen?
Eure Arbeiter können das nicht bezahlen.
Etwa die der andern? Für solche Fälle
habt ihr doch eure Trusts und Kartelle!
   Ihr sagt: die Wirtschaft müsse bestehn.
      Eine schöne Wirtschaft!
         Für wen? Für wen?

Das laufende Band, das sich weiterschiebt,
liefert Waren für Kunden, die es nicht gibt.
Ihr habt durch Entlassung und Lohnabzug sacht
eure eigne Kundschaft kaputt gemacht.
Denn Deutschland besteht – Millionäre sind selten –
aus Arbeitern und aus Angestellten!
Und eure Bilanz zeigt mit einem Male
   einen Saldo mortale.

Während Millionen stempeln gehn.
   Die wissen, für wen.

ARBEIT FÜR ARBEITSLOSE

> Herrn Ebermayer zur Beschlagnahme
> freundlich empfohlen

Stellung suchen Tag für Tag,
aber keine kriegen.
Wer kein Obdach hat, der mag
auf der Straße liegen.
Sauf doch Wasser für den Durst!
Spuck aufs Brot – dann hast du Wurst!
Und der Wind pfeift durch die Hose –
Arbeitslose.
Arbeitslose.

Schaffen wollen – und nur sehn,
wie Betriebe schließen.
Zähneknirschend müßig gehn ...
Bleib du nicht am Reichstag stehn –!
Geßler läßt was schießen.
Zahl den Fürsten Müßiggang;
Friere nachts auf deiner Bank.
Polizeiarzt. Diagnose:
Arbeitslose.
Arbeitslose.

Wart nur ab.
                    Es kommt die Zeit,
darfst dich wieder quälen.
Laß dir von Gerissenheit
nur nichts vorerzählen:
    Klagen hilft nicht, plagen hilft nicht,
    winden nicht und schinden nicht.
    Dies, Prolet, ist deine Pflicht:
        Hau sie, daß die Lappen fliegen!
        Hau sie bis zum Unterliegen!
        Bleib dir treu.
                    Die Klasse hält
    einig gegen eine Welt.
Auf dem Schiff der neuen Zeit,
auf dem Schiff der Zukunft seid
ihr Soldaten! Ihr Matrosen!
    Ihr – die grauen Arbeitslosen!

Ach, sind wir unbeliebt!

Wenn man, wie wir, den Umsturz liebt,
macht man sich häufig unbeliebt.

Die Herren mit dem hohen Kragen,
die können dieses nicht vertragen.

Das Fräulein Ännchen reicht mir Tee.
Der Herr Assessor will Calais.

Wir sprechen auch vom Liebknecht-Mord.
Sie gleiten hurtig drüber fort.

Man denkt voll Freuden des Gerichts.
Ich räuspre mich und sage nichts.

Der Herr Assessor guckt mich an:
Ist das ein Bolschewistenmann?

Und auch das Fräulein Ännchen schaut.
Wie zart ist ihre weiße Haut!

Doch je auf meinen Kissen ruhn –
das wird sie ganz gewiß nicht tun.

Ich fühl es leider ganz genau,
sie ist wie jede kleine Frau:

Sie liebt nicht den, der revoltiert –
brav muß er sein, dem sie gebiert.

Wie ist sie süß! wie ist sie munter!
Ich falle langsam hinten runter.

So zeigt sichs wieder, Bruder – nämlich:
Gesinnung ist oft unbequemlich,

wenn man sich sozialistisch gibt ...
Ach Gott, wie sind wir unbeliebt!

Olle Germanen

An Lucianos

Freund! Vetter! Bruder! Kampfgenosse!
Zweitausend Jahre – welche Zeit!
Du wandeltest im Fürstentrosse,
du kanntest die Athenergosse
und pfiffst auf alle Ehrbarkeit.
Du strichst beschwingt, graziös und eilig
durch euern kleinen Erdenrund –
Und Gott sei Dank: nichts war dir heilig,
    du frecher Hund!

Du lebst, Lucian! Was da: Kulissen!
Wir haben zwar die Schwebebahn –
doch auch dieselben Hurenkissen,
dieselbe Seele, jäh zerrissen
von Geld und Geist – du lebst, Lucian!
Noch heut: das Pathos als Gewerbe
verdeckt die Flecke auf dem Kleid.
Wir brauchen dich. Und ist dein Erbe
noch frei, wirfs in die große Zeit.

Du warst nicht von den sanften Schreibern.
Du zogst sie splitternackend aus
und zeigtest flink an ihren Leibern:
es sieht bei Göttern und bei Weibern
noch allemal der Bürger raus.
Weil der, Lucian, weil der sie machte.
So schenk mir deinen Spöttermund!
Die Flamme gib, die sturmentfachte!
Heiß ich auch, weil ich immer lachte,
    ein frecher Hund!

An das Baby

Alle stehn um dich herum:
Fotograf und Mutti
und ein Kasten, schwarz und stumm,
Felix, Tante Putti ...
  Sie wackeln mit dem Schlüsselbund,
  fröhlich quietscht ein Gummihund.
  »Baby, lach mal!« ruft Mama.
  »Guck«, ruft Tante, »eiala!«
Aber du, mein kleiner Mann,
siehst dir die Gesellschaft an ...
Na, und dann – was meinste?

                                        Weinste.

Später stehn um dich herum
Vaterland und Fahnen;
Kirche, Ministerium,
Welsche und Germanen.
  Jeder stiert nur unverwandt
  auf das eigne kleine Land.
  Jeder kräht auf seinem Mist,
  weiß genau, was Wahrheit ist.

Aber du, mein guter Mann,
siehst dir die Gesellschaft an …
Na, und dann – was machste?

                                        Lachste.

DIE DEPLACIERTEN

Uns haben sie, glaub ich, falsch geboren.
Von wegen Ort und wegen Zeit
sind wir vertattert und verloren
und fluchen unsrer Einsamkeit.

Warum, Mama, grad an der Panke?
Warum nicht fünfzig Jahr zurück?
Wie schlecht placiert wuchs der Gedanke
zu euerm jungen Liebesglück!

Warum nicht lieber auf den Sunda-
Eiländchen 1810?
Doch hier und heut? Das ist kein Wunder –
das kann ja nicht in Ordnung gehn!

Warum nicht in Australien hausend?
Warum nicht Fürst von Erzerum?
Warum nicht erst im Jahr Zweitausend?
Weshalb? Wieso? Woher? Warum?

Der Weltkrieg. Lebensgroße Zeiten.
Der Bankkommis als Offizier.
Brotkarten. Morde. Grenzen. Pleiten.
Und alles ausgerechnet wir.

Schraub hoch dein Karma wie die Inder.
Bleibt auch für uns nur noch Verzicht:
Wenn meine und sie kriegt mal Kinder –
in Deutschland darf sie nicht.

Noch immer

Zunächst einmal: der Deutsche schreibt,
wenn ihm nichts anders übrig bleibt. –
Er fertigt sich für jeden Krempel
als erstes einen blauen Stempel
und gründet um den Stempel froh
ein großes Direktionsbureau.
Und das Bureau beschäftigt Damen
und trägt auch einen schönen Namen
und hat auch einen Kalkulator
und einen braven Registrator
und einen Chef und Direktoren
und vierzehn Organisatoren
und einen Pförtner für die Nacht.

Ihr fragt, was so ein Amt nun macht?
Es macht zum Beispiel Schwierigkeiten.
Denn diese muß es ja bereiten,
zu zeigen, daß es auf der Welt,
und daß es andern überstellt.
(Und all das kostet wessen Geld?)
So schwitzt nun über wunderbaren
und komplizierten Formularen
und schreibt sie voll und füllt sie aus

und dann geht artig nur nach Haus!
Und damit ist die Sache richtig.

Was macht es noch? Es macht sich wichtig.
Und es erläßt mit Schwung Erlässe
und prüft Papiere und prüft Pässe.
Verordnung folgt auf Paragraphen
»betreffend Straßenhandel mit Schafen«,
»bezüglich Alligatorenfutter« –
aber die Butter
ist für den kleinen Mann verratzt
und leider offenbar zerplatzt,
und all dies hat das Amt verpatzt.

Von dieser Sorte gibts weit über hundert.
Ihr seid darüber so verwundert?
Ach Gott, ihr müßt nicht traurig sein:
Wir bilden uns noch immer ein,
mit §§ seis getan.
Der alte dumme deutsche Wahn.
Ein Amt kann keine Nüsse knacken.
Das Leben müßt ihr kräftig packen.
Denkt an die Wirtschaft! Denkt an morgen!

Aber ihr müßt euch ja mit Ämtern versorgen.

DER GESCHLECHTSLOSE

Ich habe keine Zeugungsglieder.
Ich bin kein Mann – das steht mal fest.
Mir ist der Umsturz sehr zuwider –
ich hasse Lenin wie die Pest.

Was auch geschieht, ich respektiere
die Uniform voll Bürgersinn.
Und treten mich die Untroffziere,
so schmerzt mich nur, daß ich es bin.

Mich zieren keine runden Brüste.
Ich bin kein Weib – das ist mal klar.
Wer mich im Kompromiß auch küßte:
noch nie geschahs, daß ich gebar.

An alle hab ich mich verloren,
ich gab mich allen einmal hin.
Wie kommts, daß die zum Sieg erkoren,
und daß ich stets der Dumme bin?

Was ist es nur –?
      Ich seh mein Leibchen
im Spiegel an, und in der Tat:
Ich bin kein Männchen und kein Weibchen –
ich bin ein deutscher Demokrat.

EINKÄUFE

Was schenke ich dem kleinen Michel
zu diesem kalten Weihnachtsfest?
Den Kullerball? Den Sabberpichel?
Ein Gummikissen, das nicht näßt?
  Ein kleines Seifensiederlicht?
  Das hat er noch nicht. Das hat er noch nicht!

Wähl ich den Wiederaufbaukasten?
Schenk ich ihm noch mehr Schreibpapier?
Ein Ding mit schwarzweißroten Tasten;
ein patriotisches Klavier?
  Ein objektives Kriegsgericht?
  Das hat er noch nicht. Das hat er noch nicht!

Schenk ich den Nachttopf ihm auf Rollen?
Schenk ich ein Moratorium?
Ein Sparschwein, kugelig geschwollen?
Ein Puppenkrematorium?
  Ein neues gescheites Reichsgericht?
  Das hat er noch nicht. Das hat er noch nicht!

Ach, liebe Basen, Onkels, Tanten –
Schenkt ihr ihm was. Ich find es kaum.
Ihr seid die Fixen und Gewandten,
hängt ihrs ihm untern Tannenbaum.

    Doch schenkt ihm keine Reaktion!
    Die hat er schon. Die hat er schon!

BÜRGERLICHES ZEITALTER

Ach, Muse, pack die rote Fahne ein!
Und roll sie säuberlich zusammen.
Die alten Ideale tu darein –
die können keinen mehr entflammen.
Die Barrikade und der Aufruhrschrei:
das ist vorbei.

Die Internationalen prügeln sich.
Ums Marx-Bild flicht die Immortellen.
Revolutionen werden bürgerlich,
der Geist fuhr in die Lohntabellen.
Es kloppen viele fürs Proletariat
den Danton-Skat.

Und während mild sich kabbeln die Partein
und Weltreformer teutsch und indisch quarren:
schluckt ein Kartell den ganzen Laden ein
und lächelt über hunderttausend Narren.
Dem Staate bleibt ein Pleitemonopol
und das Symbol.

Pust, großer Heros, deine Fackel aus!
Die Zeit braucht keine Helden – nur Beamte.
Verkriech dich in dein Mietskasernenhaus,
zu dem dich Gott (und ein Konzern) verdammte.
In Überlebensgröße schreiten
hoch über uns die Mittelmäßigkeiten …
Chronos, zurück! Mit deinen Horenschwestern!
Der Stil von morgen ist der Stil von gestern.
Adieu, adieu – Geist, Weimar und Idol!
Lebt wohl! Lebt wohl.

RECHTS UND LINKS

Rechts sind Bäume, links sind Bäume,
und dazwischen Zwischenräume.
In der Mitte fließt ein Bach!
     Ach!

Rechts hat man die Industriellen,
welche eine Presse wellen,
eine, die den Abonnenten
nationale fette Enten
täglich aufzubinden hat.
Und so fällt denn Blatt auf Blatt
in die Hände von Kartellen
unsrer Großindustriellen.
Und man schiebt sich dies und jenes,
weils bequem is und gemeen is.

Und die Aktie kommandiert –
die Verwaltung salutiert.
Helfferich ruft Weh und Ach …
In der Mitte fließt ein Bach.

Links hat man die neuen Helden,
die sich schon seit 18 melden,
wenns was zu vermitteln gibt.
(Dies Geschäft ist so beliebt.)
Barmat, Parvus, Sklarz Gebrüder –
Ei, man ist so brav und büder.
Die Regierung ist schockiert
und wird mächtig angeschmiert.
Manches Silber ist vernickelt,
mancher Handel ist verwickelt.
Reine Finger hab, wer kann!
Schlimmstenfalls zieh Handschuh an!

Rechts sind Schieber, links sind Schieber.
Jedes Antlitz ein Kassiber.
In der weiland großen Zeit
schob man Seins im grauen Kleid.
Sieh die Rechten, sieh die Linken –
und es will mich schier bedünken,
…
Rechts sind Bäume, links sind Bäume,
und dazwischen Zwischenräume.
In der Mitte fließt ein Bach –
      Ach!

FELDFRÜCHTE

Sinnend geh ich durch den Garten,
still gedeiht er hinterm Haus;
Suppenkräuter, hundert Arten,
Bauernblumen, bunter Strauß.
   Petersilie und Tomaten,
   eine Bohnengalerie,
   ganz besonders ist geraten
   der beliebte Sellerie.
Ja, und hier –? Ein kleines Wiesschen?
Da wächst in der Erde leis
das bescheidene Radieschen:
     außen rot und innen weiß.

Sinnend geh ich durch den Garten
unsrer deutschen Politik;
Suppenkohl in allen Arten
im Kompost der Republik.
   Bonzen, Brillen, Gehberockte,
   Parlamentsroutinendreh …
Ja, und hier –? Die ganz verbockte
   liebe gute SPD.

Hermann Müller, Hilferlieschen
blühn so harmlos, doof und leis
wie bescheidene Radieschen:
    außen rot und innen weiß.

ANGST DES KAPITALISTEN
VOR DER EINIGKEIT DER ARBEITER

Früher hatte ich *einen* Feind:
Die verdammten Proleten!
Wie waren die Luder feste geeint –
Spitze – kurz treten!
Ein Stand – ein Kommando –
Ein Wille – ein Schritt –
Und alle mit –

Im November hing ich an einem Haar.
Die verdammten Proleten!
Meine Bank, mein Heiligstes, war in Gefahr –
Kopf ab – zum Beten …?
Ein Tag – eine Welle –
Ein Volk – ein Riß – –
Und ich hatte Schiß.

Heute gibt es viele Sozialistenpartein,
Die dummen Proleten!
Laß sie doch durcheinander schrein,
Dann kann ich sie besser treten!
Ein Chaos – ein Kampf –
Ein Krach – ein Gerauf – Gottseidank:
Und ich obenauf! –

DER ZERSTREUTE

Mein Blinddarm, der ruht in Palmnicken;
ein Backenzahn und überdies
ein Milchzahn liegen in Saarbrücken.
Die Mandeln ruhen in Paris.

So streu ich mich trotz hohen Zöllen
weit durch Europa hin durchs Land.
Auch hat die Klinik in Neukölln
noch etwas Nasenscheidewand.

Ein guter Arzt will operieren.
Es freut ihn, und es bringt auch Geld.
Viel ist nicht mehr zu amputieren.
Ich bin zu gut für diese Welt.

Was soll ich armes Luder machen,
wenn die Posaune blasen mag?
Wie tret ich an mit meinen sieben Sachen
am heiligen Auferstehungstag?

Der liebe Gott macht nicht viel Federlesen.
»Herr Tiger!« ruft er. »Komm hervor!
Wie siehst du aus, lädiertes Wesen?
Und wo – wo hast du den Humor?«

»Ich las« – sag ich dann ohne Bangen –
»einst den Etat der deutschen Generalität.
Da ist mir der Humor vergangen.«
Und Gott versteht.
                    Und Gott versteht.

ZOOLOGIE

Ein Borvaselinchen lief, von Gott gesandt,
durch deutsches Land.

Es glänzte fettig-hell im Sonnenscheine
und rührte emsig seine kleinen Beine.

Doch gestern morgen in der Abendstunde,
verschwand es still in Adolf Hitlers Munde.

Dieweil der Junge alle Welt befehdet,
hat er sich nämlich einen Wolf geredet.

Jetzt aber geht es schon bedeutend glatter.
Es kritzeln emsig die Berichterstatter.

Und einer lauscht, und er notiert:
»Der Tschörmen redet wie geschmiert.«

Da hat er recht. Uns bleibt nur dies Problem:
Geschmiert?
                Von wem?

ALTES LIED 1794

Wenn in des Abends letztem Scheine
dir eine lächelnde Gestalt
am Rasensitz im Eichenhaine
mit Wink und Gruß vorüberwallt –:
Das ist des Freundes treuer Geist,
der Freud' und Frieden dir verheißt.

Wenn bei des Vollmonds Dämmerlichte,
das zagend durch die Zweige sieht,
durch dunkeln Hain von Tann' und Fichte
ein fauliges Gerüchlein zieht –:
Das ist, was da so grauslich riecht,
Herr Goebbels, der vorüberfliecht.

Wenn bei dem Silberglanz der Sterne,
wenn schwarze Nacht herniederweint,
gleich Aeolsharfen aus der Ferne …
wenn dir dann gar kein Geist erscheint –:
Dies Phänomen, damit dus weißt,
das ist Herrn Adolf Hitlers Geist.

OLLE GERMANEN

Papa ist Oberförster,
Mama ist pinselblond;
Georg ist Klassen-Oerster,
Johann steht an der Front
    der Burschenschaft
    ›Teutonenkraft‹.
Bezahlen tut der Olle.
Was Wotan weihen wolle!

Verjudet sind die Wälder,
verjudet Jesus Christ.
Wir singen über die Felder,
wie das so üblich ist,
    in Reih und Glied
    das Deutschland-Lied.
Nachts funkelt durch das Dunkel
Frau Friggas Frost-Furunkel.

Die Vorhaut, die soll wachsen,
in Köln und Halberstadt;
wir achten selbst in Sachsen,
daß jeder eine hat.
　　Ganz zudenrein
　　muß Deutschland sein.
Und haben wir zu saufen:
Laß Loki luhig laufen!

Wer uns verlacht, der irrt sich.
Uns bildet früh und spät
für 1940
die Universität.
　　Wer waren unsre Ahnen?
　　Kaschubische Germanen.
　　Die zeugten zur Erfrischung
　　uns Promenadenmischung.
　　　Drum drehten wir
　　　zum Beten hier
　　　die nationale Rolle.
　　　Was Wotan weihen wolle –!

Die Mäuler auf!

Heilgebrüll und völksche Heilung,
schnittig, zackig, forsch und päng!
Staffelführer, Sturmabteilung,
Blechkapellen, schnädderädäng!
   Judenfresser, Straßenmeute …
   Kleine Leute. Kleine Leute.

Arme Luder brülln sich heiser,
tausend Hände fuchteln wild.
Hitler als der selige Kaiser,
wie ein schlechtes Abziehbild.
   Jedes dicken Schlagworts Beute:
   Kleine Leute! Kleine Leute!

Tun sich mit dem teutschen Land dick,
grunzen wie das liebe Vieh.
Allerbilligste Romantik –
hinten zahlt die Industrie.

Hinten zahlt die Landwirtschaft.
Toben sie auch fieberhaft:
Sind doch schlechte deutsche Barden,
bunte Unternehmergarden!
Bleiben gestern, morgen, heute
kleine Leute! kleine Leute!

SEKTION

Der Charité in Züchten

Ein Mediziner, namens L.,
zersägte neulich scharf und schnell
    Iwan Kutisker.
    Der lag da vor ihm hüllenbar,
so wie er aus der Haft gekommen war –
    der tote Iwan Kutisker.

Der Mediziner, namens L.,
sprach also in des Bauches Fell
    des toten Iwan Kutisker:
»Der Mann, der hier vor Ihnen liegt,
hat lange nicht genug gekriegt:
    er hieß Kutisker, war ein Jude –
    (Sie sehen das schon an der Zude) –
    er war ganz nikotinisiert
    und syphilitisch infiziert –
        na ja, ein Jude!«

Das Messer knirscht. Der Kantus stieg
voll ärztlichen Takts. Die Leiche schwieg.
    Laßt uns die Zähne zusammenbeißen:
    es kann nicht jeder Lubarsch heißen.

ROSEN AUF DEN WEG GESTREUT

Ihr müßt sie lieb und nett behandeln,
erschreckt sie nicht – sie sind so zart!
   Ihr müßt mit Palmen sie umwandeln,
   getreulich ihrer Eigenart!
      Pfeift euerm Hunde, wenn er kläfft –:
      Küßt die Faschisten, wo ihr sie trefft!

Wenn sie in ihren Sälen hetzen,
sagt: »Ja und Amen – aber gern!
Hier habt ihr mich – schlagt mich in Fetzen!«
Und prügeln sie, so lobt den Herrn.
      Denn Prügeln ist doch ihr Geschäft!
      Küßt die Faschisten, wo ihr sie trefft.

Und schießen sie –: du lieber Himmel,
schätzt ihr das Leben so hoch ein?
Das ist ein Pazifisten-Fimmel!
Wer möchte nicht gern Opfer sein?
      Nennt sie: die süßen Schnuckerchen,
      gebt ihnen Bonbons und Zuckerchen …

Und verspürt ihr auch
in euerm Bauch
    den Hitler-Dolch, tief, bis zum Heft –:
    Küßt die Faschisten, küßt die Faschisten,
    küßt die Faschisten, wo ihr sie trefft –!

KRIEG DEM KRIEGE

Sie lagen vier Jahre im Schützengraben.
Zeit, große Zeit!
Sie froren und waren verlaust und haben
daheim eine Frau und zwei kleine Knaben,
weit, weit –!

Und keiner, der ihnen die Wahrheit sagt.
Und keiner, der aufzubegehren wagt.
Monat um Monat, Jahr um Jahr …

Und wenn mal einer auf Urlaub war,
sah er zu Haus die dicken Bäuche.
Und es fraßen dort um sich wie eine Seuche
der Tanz, die Gier, das Schiebergeschäft.
Und die Horde alldeutscher Skribenten kläfft:
»Krieg! Krieg!
Großer Sieg!
Sieg in Albanien und Sieg in Flandern!«
Und es starben die andern, die andern, die andern …

Sie sahen die Kameraden fallen.
Das war das Schicksal bei fast allen:
Verwundung, Qual wie ein Tier, und Tod.
Ein kleiner Fleck, schmutzigrot –
und man trug sie fort und scharrte sie ein.
Wer wird wohl der nächste sein?

Und ein Schrei von Millionen stieg auf zu den Sternen.
Werden die Menschen es niemals lernen?
Gibt es ein Ding, um das es sich lohnt?
Wer ist das, der da oben thront,
von oben bis unten bespickt mit Orden,
und nur immer befiehlt: Morden! Morden! –
Blut und zermalmte Knochen und Dreck …
Und dann hieß es plötzlich, das Schiff sei leck.
Der Kapitän hat den Abschied genommen
und ist etwas plötzlich von dannen geschwommen
Ratlos stehen die Feldgrauen da.
Für wen das alles? Pro patria?

Brüder! Brüder! Schließt die Reihn!
Brüder! das darf nicht wieder sein!
Geben sie uns den Vernichtungsfrieden,
ist das gleiche Los beschieden
unsern Söhnen und euern Enkeln.
Sollen die wieder blutrot besprenkeln
die Ackergräben, das grüne Gras?
Brüder! Pfeift den Burschen was!
Es darf und soll so nicht weitergehn.
Wir haben alle, alle gesehn,
wohin ein solcher Wahnsinn führt –

Das Feuer brannte, das sie geschürt.
Löscht es aus! Die Imperialisten,
die da drüben bei jenen nisten,
schenken uns wieder Nationalisten.
Und nach abermals zwanzig Jahren
kommen neue Kanonen gefahren –
Das wäre kein Friede.
                              Das wäre Wahn.
Der alte Tanz auf dem alten Vulkan.

Du sollst nicht töten! hat einer gesagt.
Und die Menschheit hörts, und die Menschheit klagt.
Will das niemals anders werden?
Krieg dem Kriege!
                    Und Friede auf Erden.

Die verkehrte Welt [Auszug]

in Knüttelversen dargestellt
Vorspruch

Es ist euch allen wohlbekannt
Das schöne Reich Schlaraffenland,
Das Land aus Weißbrot, Milch und Wurst,
Wo keiner Hunger leidet und Durst,
Wo alles gebraten und gebacken ist,
Und wo kein Mensch das Essen vergißt.

Doch gibt es auch eine verkehrte Welt.
In der ist alles auf den Kopf gestellt!
Nicht, daß die Leut auf den Händen gehn
Und die Häuser auf den Dächern stehn,
Nein, die Menschen handeln dort verkehrt!
Darum ist ihr Leben so erschwert,
So voller Qual und großer Not,
Daß wie Erlösung kommt der Tod.
Das Leben der Armen wie in der Hölle brennt,
Wie ihrs jetzt aus Vers und Bild erkennt.
Die Augen auf! daß die verkehrte Welt
Wird einmal von euch auf die Füße gestellt!

Das ganze Jahr ist Hochsaison.

VORFRÜHLING?

Sieh da: nun ist der fette Dichter wieder
von seinem Winterschläfchen aufgewacht,
und er entlockt der Harfe heitre Lieder,
ti püng – die Winde wehn, der Himmel lacht.

Er schauet sanft verklärt, und eine Putte
hält über seinem Kopf den Lorbeerkranz.
Vorfrühling nähert sich, die junge Nutte,
und probt, noch schüchtern, einen kleinen Tanz.

Das Barometer droht mit seinem Zeiger:
»Nicht immer feste druff! Ich falle bald.«
Selbst Barometer schwätzen. Große Schweiger
sind selten in dem Land des Theobald.

Noch immer Zabern und Theaterpleiten,
und wie man wieder auf den Fasching geht,
Protestbeschlüsse, andre Lustbarkeiten –
und alles red't und alles red't.

Und wenn man dieses Deutschland sieht und diese
mit Parsifalleri – und -fallerein
von Hammeln abgegraste Geisteswiese –
ah Frühling! Hier soll immer Winter sein!

BERLINER FASCHING

Nun spuckt sich der Berliner in die Hände
und macht sich an das Werk der Fröhlichkeit.
Er schuftet sich von Anfang bis zu Ende
durch diese Faschingszeit.

Da hört man plötzlich von den höchsten Stufen
der eleganten Weltgesellschaft längs
der Spree und den Kanälen lockend rufen:
»Rin in die Eskarpins!«

Und diese Laune, diese Grazie, weißte,
die hat natürlich alle angesteckt;
die Hand, die tagshindurch Satin verschleißte,
winkt ganz leschehr nach Sekt.

Die Dame faschingt so auf ihre Weise:
gibt man ihr einmal schon im Jahr Lizenz,
dann knutscht sie sich in streng geschlossnem Kreise,
fern jeder Konkurrenz.

Und auch der Mittelstand fühlts im Gemüte:
er macht den Bockbierfaßhahn nicht mehr zu,
umspannt das Haupt mit einer bunten Tüte
und rufet froh: »Juhu!«

Ja, selbst der Weise schätzt nicht nur die hehre
Philosophie: auch er bedarf des Weins!
Leicht angefüllt geht er bei seine Claire,
Berlin radaut, er lächelt …
                                        Jeder seins.

DER LENZ IST DA!

Das Lenzsymptom zeigt sich zuerst beim Hunde,
dann im Kalender und dann in der Luft,
und endlich hüllt auch Fräulein Adelgunde
sich in die frischgewaschene Frühlingskluft.

Ach ja, der Mensch! Was will er nur vom Lenze?
Ist er denn nicht das ganze Jahr in Brunst?
Doch seine Triebe kennen keine Grenze –
dies Uhrwerk hat der liebe Gott verhunzt.

Der Vorgang ist in jedem Jahr derselbe:
man schwelgt, wo man nur züchtig beten sollt,
und man zerdrückt dem Heiligtum das gelbe
geblümte Kleid – ja, hat das Gott gewollt?

Die ganze Fauna treibt es immer wieder:
Da ist ein Spitz und eine Pudelmaid –
die feine Dame senkt die Augenlider,
der Arbeitsmann hingegen scheint voll Neid.

Durch rauh Gebrüll läßt sich das Paar nicht stören,
ein Fußtritt trifft den armen Romeo –
mich deucht, hier sollten zwei sich nicht gehören ...
Und das geht alle, alle Jahre so.

Komm, Mutter, reich mir meine Mandoline,
stell mir den Kaffee auf den Küchentritt. –
Schon dröhnt mein Baß: Sabine, bine, bine ...
Was will man tun? Man macht es schließlich mit.

FRÖHLICHE OSTERN!

Da seht aufs neue dieses alte Wunder:
Der Osterhase kakelt wie ein Huhn
und fabriziert dort unter dem Holunder
ein Ei und noch ein Ei und hat zu tun.

Und auch der Mensch reckt frohbewegt die Glieder –
er zählt die Kinderchens: eins, zwei und drei …
Ja, was errötet denn die Gattin wieder?
                    Ei, ei, ei

                       ei, ei

                          ei!

Der fleißige Kaufherr aber packt die Ware
ins pappne Ei zum besseren Konsum:
Ein seidnes Schnupftuch, Nadeln für die Haare,
die Glitzerbrosche und das Riechparfuhm.

Das junge Volk, so Mädchen wie die Knaben,
sucht die voll Sinn versteckte Leckerei.
Man ruft beglückt, wenn sies gefunden haben:
                    Ei, ei, ei

                       ei, ei

                          ei!

Und Hans und Lene steckens in die Jacke,
das liebe Osterei – wen freut es nicht?
Glatt, wohlfeil, etwas süßlich im Geschmacke,
und ohne jedes innre Gleichgewicht.

Die deutsche Politik … Was wollt ich sagen?
Bei uns zu Lande ist das einerlei –
und kurz und gut: Verderbt euch nicht den Magen!
Vergnügtes Fest! Vergnügtes Osterei!

HOME, SWEET HOME

Berliner Muse mit den runden Hüften,
den Tuchgamaschen und dem Samtbarett,
umgaukle du mich in den staubigen Lüften:
Komm, Göttin, sei mal nett!

Hier auf dem Rathausturm ists windig, Muse,
der kalte Zug reißt mir die Leier weg –
begleite mich, mein süßes Kind, halt du se:
Ich singe so freiweg.

Da liegt die Stadt – nur schön bei Regenstürmen –
teils an der Panke und teils an der Spree,
mit Synagogenkuppeln, Kirchentürmen
und einem Tanzpaleeh.

Und was da längs des grünen Bäumewalles
so gülden gleißt (ich weiß nicht, ob dus kennst):
das ist der Reichstag – doch es ist nicht alles
hienieden Gold, was glänzt.

In jener Gegend wohnt die große Presse –
sie macht erst unsre Zeit in Wort und Bild:
dort sättigt der Berliner sein Interesse,
nervös und injebildt.

Da hinten rechts, in jener dunstigen Weite,
liegt der Komödienhäuser dichter Hauf –
und gehn sie alle, alle langsam pleite:
dann macht man neue auf.

Und, siehst du, hier verbringt man so sein Leben.
Da draußen rauschen Wälder, Wolken ziehn –
Wir passen auf, was sie für Possen geben,
und wie sie vor den Uniformen beben! –
O du mein Heimatland, du mein Berlin!

SORRENT

Wie die Tage so golden verfliegen,
wie die Nacht sich so selig verträumt –
wenn am Abend bechiffonte Ziegen
vor der Theke sich wogen und wiegen –
wo der Sekt Gottbehüte noch schäumt …
Wo im Schleier – ich danke, Herr Franke –
junge Nutten den Beifox vollziehn …
O du schimmernde Blüte der Panke!
Sei gegrüßt, du mein schönes Berlin –!

Und die Nacht, wenn bei Rotters sie toben,
dem Claqueure der Handschuh zerplatzt –
wenn Annoncen, so bilderdurchwoben,
ihre Herren preisen und loben –
wenn die Loge futtert und schmatzt …
»Wat is denn det hier forn Jestanke?
Wer eßt hier Käse? Ham Sien?« …
O du schimmernde Blüte der Panke!
Sei gegrüßt, du mein schönes Berlin –!

Wo mit müde verzogenen Lippen
junger Gent kalten Schleichhändler frißt –
wo Chauffeure die schweinernen Rippen
in die fettige Brihsuppe stippen –
wo der Fahrgast die Taxe vergißt …
Da begrabt mich mit Efeugeranke,
mit Ranunkeln und weißem Jasmin – –
Hier leben? Mensch, welch Gedanke!
O du schimmernde Blüte der Panke!
Sei gegrüßt, du mein schönes Berlin –!

LUFTVERÄNDERUNG

Fahre mit der Eisenbahn,
fahre, Junge, fahre!
Auf dem Deck vom Wasserkahn
wehen deine Haare.

Tauch in fremde Städte ein,
lauf in fremden Gassen;
höre fremde Menschen schrein,
trink aus fremden Tassen.

Flieh Betrieb und Telefon,
grab in alten Schmökern,
sieh am Seinekai, mein Sohn,
Weisheit still verhökern.

Lauf in Afrika umher,
reite durch Oasen;
lausche auf ein blaues Meer,
hör den Mistral blasen!

Wie du auch die Welt durchflitzt
ohne Rast und Ruh –:
Hinten auf dem Puffer sitzt
du.

DREISSIG GRAD

Das ist die Zeit der dicken Sommerhitze.
Das Thermometer kocht. Die Sonne strahlt.
Die gnädige Frau hats warm; ich Plebs, ich schwitze –
in blauem Badehöschen, eindrucksvoll bemalt.

Am hellen Strand läuft eine leichte Brise
und legt sich wieder – nein, das wird kein Wind.
Jetzt ist August, da hatten wir die Krise,
wie so die deutschen Sommerkrisen sind.

Da hinten badet eine fette Dame.
Es steigt das Meer, wenn sie ins selbe tritt.
Sag an, Sylphide, ist vielleicht dein Name
Germania? Nehm ich dich als Sinnbild mit?

Es rinnt der Sand. Da schleicht sich ein Vehikel –
wohl gar mit Butter? – übern Dünndamm.
Bei mir langts nur noch für den Leitartikel –
was Kluges bring ich heut nicht mehr zusamm.

Wie lang ists her – da war in diesen Wochen
in angenehmer Weise gar nichts los.
Man hat nur faul den faulen Tang gerochen ...
Heut kommen Kunz und Hintze angekrochen –
  Du liebe Zeit, wie bist du heiß und groß!

Im Bade

Die Welle bricht sich. Kann mans ihr verdenken?
Es taucht ins Meer ein feister Menschensack:
die Glieder badet dort, die ungelenken,
Frau Zademack.

Im Bademantel tritt mit hastigen, schnellen
Bewegungen Herr Baccer aus der Tür.
Neptun persönlich aus den tiefsten Wellen
sagt: »Ab dafür!«

Es rollt sich an das arme Seegestade
Lu Lora, mit 'nem ganzen kleinen Stich.
Und der Verehrer Chor spricht: »Schade, schade!
Heut filmt se nich!«

Es rudert wie beim Sprechen mit den Händen
Herr Moppelmann am deutschen Ostseekap.
Er denkt beim Wogenspiel an Dividenden:
Mal auf – mal ab!

Und der ist da und die. Von der Regierung
schwimmt dort ein Mann – pomadig, faul und
                                    schlapp …
Man bricht sich auch im Bade die Verzierung
nur ungern ab.

Und die ist da und der – in vollen Rudeln – –
O lieber Gott! willst du mal freundlich sein?
Dann laß mich schwimmen in den blauen Strudeln
allein, allein –!

BOCKBIERFEST

Mir san die bayrischen
Madeln – juhu!
Mir tun animieren
und trinken euch zu!
  Duliöh!

Mir san die bayrischen
Buam – juhu!
An Durscht ham mir immer
und Prozente dazu …
  Duliöh!

Mir san die Bayern –
mir saufn an Schluck!
  Fürs G'schäft san uns die Preißen
    die sackrischen,
    sackrischen
allweil gut g'gnug –!
    Duliöh –!
    Lalalahüütii –!

SCHÖNER HERBST

Das ist ein sündhaft blauer Tag!
Die Luft ist klar und kalt und windig,
weiß Gott: ein Vormittag, so find ich,
wie man ihn oft erleben mag.

Das ist ein sündhaft blauer Tag!
Jetzt schlägt das Meer mit voller Welle
gewiß an eben diese Stelle,
wo dunnemals der Kurgast lag.

Ich hocke in der großen Stadt:
und siehe, durchs Mansardenfenster
bedräuen mich die Luftgespenster …
Und ich bin müde, satt und matt.

Dumpf stöhnend lieg ich auf dem Bett.
Am Strand wär es im Herbst viel schöner …
Ein Stimmungsbild, zwei Fölljetöner
und eine alte Operett!

Wenn ich nun aber nicht mehr mag!
Schon kratzt die Feder auf dem Bogen –
das Geld hat manches schon verbogen …
Das ist ein sündhaft blauer Tag!

PARK MONCEAU

Hier ist es hübsch. Hier kann ich ruhig träumen.
Hier bin ich Mensch – und nicht nur Zivilist.
Hier darf ich links gehn. Unter grünen Bäumen
sagt keine Tafel, was verboten ist.

Ein dicker Kullerball liegt auf dem Rasen.
Ein Vogel zupft an einem hellen Blatt.
Ein kleiner Junge gräbt sich in der Nasen
und freut sich, wenn er was gefunden hat.

Es prüfen vier Amerikanerinnen,
ob Cook auch recht hat und hier Bäume stehn.
Paris von außen und Paris von innen:
sie sehen nichts und müssen alles sehn.

Die Kinder lärmen auf den bunten Steinen.
Die Sonne scheint und glitzert auf ein Haus.
Ich sitze still und lasse mich bescheinen
und ruh von meinem Vaterlande aus.

Die Musik kommt

Nun zwängt, die sonst Musik die Töchter lehrte,
sich ins Schwarzseidene mit dem Krachkorsett;
und daß man Haydn, Bach und Koschat ehrte,
beweist man durch Gesang und am Spinett.

Nun schlagen wieder löwenmähnige Meister
mit ihren Pranken auf die Flügel ein,
und fiedelt jemand Violin, dann heißt er
Mischka und soll erst sieben Jahre sein.

Du siehst mich lächelnd an, Eleonore –
auch du, Geliebte, seist ein Singtalent?
Doch jach entfleucht durch meinem rechten Ohre,
was dein Sopran mir in das linke flennt.

Ach ja, der Herbst! Die Blätter werden gelber,
und jedes Mädchen kriegt ein hohes C,
und auch der Muhsikpädagoge selber
stund auf und tremolieretee …

Du Stadt der Lieder, bist du nicht verwundert?
So jedes Jahr hast du um den Advent
Musikkonzerte Stücker achtzehnhundert –
doch mit Gewinn: nur sechseinhalb Prozent.

GROSS-STADT – WEIHNACHTEN

Nun senkt sich wieder auf die heim'schen Fluren
die Weihenacht! die Weihenacht!
Was die Mamas bepackt nach Hause fuhren,
wir kriegens jetzo freundlich dargebracht.

Der Asphalt glitscht. Kann Emil das gebrauchen?
Die Braut kramt schämig in dem Portemonnaie.
Sie schenkt ihm, teils zum Schmuck und teils zum
                                        Rauchen,
den Aschenbecher aus Emalch glasé.

Das Christkind kommt! Wir jungen Leute lauschen
auf einen stillen heiligen Grammophon.
Das Christkind kommt und ist bereit zu tauschen
den Schlips, die Puppe und das Lexikohn.

Und sitzt der wackre Bürger bei den Seinen,
voll Karpfen, still im Stuhl, um halber zehn,
dann ist er mit sich selbst zufrieden und im reinen:
»Ach ja, son Christfest is doch ooch janz scheen!«

Und frohgelaunt spricht er vom ›Weihnachtswetter‹,
mag es nun regnen oder mag es schnein.
Jovial und schmauchend liest er seine Morgenblätter,
die trächtig sind von süßen Plauderein.

So trifft denn nur auf eitel Glück hienieden
in dieser Residenz Christkindleins Flug?
Mein Gott, sie mimen eben Weihnachtsfrieden …
»Wir spielen alle. Wer es weiß, ist klug.«

SILVESTER

Was fange ich Silvester an?
Geh ich in Frack und meinen kessen
blausanen Strümpfen zu dem Essen,
das Herr Generaldirektor gibt?
Wo man heut nur beim Tanzen schiebt?
    Die Hausfrau dehnt sich wild im Sessel –
    der Hausherr tut das sonst bei Dressel –,
    das junge Volk verdrückt sich bald.
    Der Sekt ist warm. Der Kaffee kalt –
                    Prost Neujahr!
                Ach, ich armer Mann!
            Was fange ich Silvester an?

Wälz ich mich im Familienschoße?
Erst gibt es Hecht mit süßer Sauce,
dann gibts Gelee. Dann gibt es Krach.
Der greise Männe selbst wird schwach.
    Aufsteigen üble Knatschgerüche.
    Der Hans knutscht Minna in der Küche.
    Um zwölf steht Rührung auf der Uhr.
    Die Bowle –! (›Leichter Mosel‹ nur –).

Prost Neujahr!
Ach, ich armer Mann!
Was fange ich Silvester an?

Mach ich ins Amüsiervergnügen?
Drück ich mich in den Stadtbahnzügen?
Schrei ich in einer schwulen Bar:
»Huch, Schneeballblüte! Prost Neujahr –!«
    Geh ich zur Firma Sklarz Geschwister –
    (Nein, nein – ich bin ja kein Minister!)
    Bleigießen? Ists ein Fladen klein:
    Dies wird wohl Deutschlands Zukunft sein …
        Prost Neujahr!
        Helft mir armem Mann!
        Was fang ich bloß Silvester an –?

(Einladungen dankend verbeten.)

Ich habe mich erkältet

Ich weiß dicht, was bit beider Dase ist –
da ist was dridd …
Doch soll bich dies dicht hindern,
euch, lieben Kindern,
ein deutsches Lied zu singen – uns allen zum
                                    Gewidd –:

Barkig schallt der Ruf der deutschen Bannen:
»Heil deb großen Zeppeliend!
Welcher butig flog von dannen,
über alle Welten hiend!«
    Alle Benschen konnten ihn sehnd!
    Welch ein Phädobeend –!

Donnen, Deger und berlider Dutten
labten sich an seinemb Bild –
ohmb schrieben sie mit Underwoodn,
und sie aßen Hubber, Lachs und Wild,
    sowie auch die leckre Barbelade –
    daß ich dicht dabei war, das war schade.

Eckners Namb' sollt man id Barbor ritzen,
auf Zigarren, id ded Steid vom Dobido –
auf deb Präsidentenstuhle sollt er sitzen,
dafür neblich ist derselbe do …
    Alle, alle kedden ihnd ja schond,
    selbst Biss Babbitt und Frau Dathadsohnd.

Kein Bobent kann dieser Ruhmb sich wandeln.
Darumb backe ich ihmb dies Gedicht.
Was ist in der Dase … oder in ded Bandeln …
Aber Gottseidank: ban berkt es dicht.

NICHT! NOCH NICHT!

Ein leichter Suff umnebelt die Gedanken.
Verdammt! Der Frühling kommt zu früh.
Der Parapluie
steht tief im Schrank – die Zeitbegriffe schwanken.

Was wehen jetzt die warmen Frühlingslüfte?
Ein lauer Wind umsäuselt still
mich im April –
die Nase schnuppert ungewohnte Düfte.

Du lieber Gott, da ist doch nichts dahinter!
Und wie ein dicker Bär sich murrend schleckt,
zu früh geweckt,
so zieh ich mich zurück und träume Winter.

Ich bin zu schwach. Ich will am Ofen hocken –
die Animalität ist noch nicht wach.
Ich bin zu schwach.
Laternenschimmer will ich, trübe Dämmerung und
dichte Flocken.

NACHWORT

Savoir vivre und politisches Engagement. Über Kurt
Tucholsky als Dichter

Der Mann ist ein Phänomen. Er ist ein gelernter Jurist
mit einem ausgeprägten Sinn für Gerechtigkeit. Er hat
ein großes Herz und einen messerscharfen Verstand. Er
beobachtet genau und schreibt darüber – unmissver-
ständlich und pointiert; das macht den besonderen Reiz
seiner Schriften aus. Kurt Tucholsky nimmt kein Blatt
vor den Mund. Seine Sätze haben Witz und Biss. Wen
wundert es, dass er hauptberuflich Journalist geworden
ist?

Und was für einer! Seine Schriften vermitteln uns ein
umfassendes Bild der zwanziger und dreißiger Jahre des
vergangenen Jahrhunderts. Geschichte, Kultur, Politik,
Literatur – er liefert das komplette Panorama seiner Zeit,
aber das eigentlich Spannende daran ist etwas anderes.
Er ist nämlich mit all dem einer Frage auf der Spur, die
uns heute nicht weniger beschäftigt als ihn vor hundert
Jahren: Wie schafft man es, mit dieser verrückten Welt
fertigzuwerden?

Verblüffend aktuell sind die Antworten, die er darauf
findet. Das Leben im 21. Jahrhundert unterscheidet sich

offenbar nicht wesentlich von dem seiner Zeitgenossen. Wir haben die gleichen Freuden und Nöte wie sie, und was er dazu anregt, macht dieses Buch zu einem idealen Begleiter für den stressgeplagten Menschen der Gegenwart.

Kurt Tucholsky wird 1890 als ältester Sohn einer gutbürgerlichen Berliner Familie geboren. Er ist nur ein durchschnittlicher Schüler, der wegen einer mangelhaften Note ausgerechnet in Deutsch sogar einmal sitzen bleibt. 1909 legt er das Abitur ab und beginnt kurz darauf ein juristisches Studium, das er 1915 mit einer Promotion abschließt, ohne etwas damit anzufangen. Er hat andere Interessen: das Theater, die Kunst, die Literatur.

Er beginnt, Humoresken, Glossen und Gedichte zu schreiben, die in verschiedenen satirischen Zeitschriften wie *Ulk* und *Simplicissimus* erscheinen. Es ist der Beginn einer Karriere, die ihn zum Mitarbeiter und zeitweiligen Herausgeber der *Weltbühne* machen wird, der führenden Zeitschrift für die Kultur seiner Zeit. Sie ist nicht sein einziges, aber sein wichtigstes Organ und seine politische Heimat. Von hier aus geht er, unter dem Eindruck des Kriegsdienstes vom Feuilletonisten zum engagierten Kritiker geworden, gegen die herrschenden Machtverhältnisse vor.

Zwischen 1907 und 1932 veröffentlicht er mehr als 2500 Artikel, Feuilletons und Reiseberichte, Stellungnahmen zum Zeitgeschehen, in den meisten Fällen mit gelegentlichen Ausflügen ins Philosophische. Daneben schreibt er zwei erfolgreiche Liebesromane und ein Reisebuch; und weil das immer noch nicht alles ist, kann der Mann auch noch dichten.

Das kann er sogar ziemlich gut. Es ist ein Vergnügen, seine Gedichte zu lesen. Sie sind von einer soliden Machart, die Reime sitzen, und sein begnadeter Humor hat bis heute an Reiz nichts eingebüßt. Aber so leicht seine Verse auch daherkommen – sie haben's in sich. Hier schreibt einer Gedichte, der die Welt verbessern will, und die ist gerade dabei, sich dramatisch zu verändern. Das 19. Jahrhundert ist definitiv vorbei. Das Industriezeitalter hat begonnen. Es besteht aus Technik und Tempo. Die Lyrik hat darauf so schnell keine Antwort.

Für die Meister der Jahrhundertwende – Rilke, Hofmannsthal und George – hat das moderne Leben ohnehin keinen Platz mehr für die ewigen Werte, als deren Künder und Wahrer sie sich sehen. Die Expressionisten hingegen blicken in die Zukunft und sehen dort eine neue Menschheit heraufdämmern, während Dada das gesamte Projekt der menschlichen Vernunft auf eine nicht selten bizarre Weise infrage stellt. Die beiden bedeutendsten Dichter der Epoche, Brecht und Benn, finden diametral entgegengesetzte Ansätze: Während für den einen die Lyrik einen politischen Gebrauchswert haben muss, lehnt der andere ihre Instrumentalisierung komplett ab.

Dass Dichtung wirken muss, ist auch die Ansicht der Neuen Sachlichkeit. Sie ist die prägende Stilrichtung der zwanziger Jahre, und nahezu alle Schriftsteller der Zeit kommen mit ihr in Berührung, ohne sich deswegen zwangsläufig mit ihr zu identifizieren. Ihr Name ist Programm, denn es geht darum, einen neutralen, kalten Blickwinkel einzunehmen, genau zu beobachten und alles so sachlich wie möglich zu beschreiben. Indem man dem Leser die Deutung überlässt, hofft man einen Denkprozess bei ihm auszulösen. Dichter wie Bert Brecht, Klabund, Walter Mehring, Erich Kästner, Mascha Kaléko und Kurt Tucholsky wollen mit ihrem Ansatz dazu beizutragen, dass sich die deutsche Nachkriegsgesellschaft zu einer friedlichen Demokratie entwickelt.

Da gibt es viel zu tun. Die junge Republik wird seit ihrer Gründung von schweren Krisen erschüttert: ökonomische Krisen mit bis dahin unbekannten Arbeitslosenzahlen, eine Inflation in schwindelerregender Höhe und Verarmungstendenzen bis in den Mittelstand hinein. Es gibt einen ungeheuren Bedarf an Gütern und Lebensmitteln, den der Markt nicht decken kann. Schwarzmarktgeschäfte sind die Folge, bei denen sich sogenannte Schieber oder Raffkes schamlos bereichern. Hinzu kommt, dass rückwärtsgewandte Kreise nach wie vor das Sagen haben im Land. Militär, Justiz und Beamtentum arbeiten Hand in Hand, um ihre Privilegien abzusichern.

Man muss ein bisschen verwegen sein, um in einer solchen Situation mit Gedichten etwas ausrichten zu wollen, die zu lesen ohnehin niemand mehr die Muße hat. Die Industriegesellschaft fordert ihren Tribut. Die Menschen sind müde und abgespannt. Ob sie Arbeit haben oder nicht, wenn der Tag zu Ende ist, wollen sie nur noch eines: unterhalten werden, und dafür ist gesorgt. Ein ganzer Industriezweig ist damit beschäftigt, sie mit billigen Amüsiererzeugnissen bei Laune zu halten: Kinofilme und Schlagermusik verbreiten Trivialmythen von Glück und Reichtum. Stars mimen das elegante Leben. Dazu gibt es Theater ohne Geist, Kabarett ohne Biss und Kneipen, Bars und Bumslokale. Berlin ist eine »Riesenschaukel«. Die Stadt besteht aus »Lärm und Schwindel«.

Für Tucholsky ist das nur die Kehrseite der Medaille: die Kultur der Industriegesellschaft. Leben, bei dem es nur noch ums Geldverdienen geht, macht vergnügungssüchtig. Er weiß, dass er darauf Rücksicht nehmen muss, wenn er ankommen will. Gedichte müssen unterhaltsam sein, sonst werden sie nicht gelesen. Also schreibt er schnörkellose Lyrik ohne hohen Ton und ohne Metaphern, aber dafür mit viel Humor und in der Sprache der Menschen, um die es ihm geht: die Arbeiter, die Angestellten, das liberale Bürgertum. Er schreibt zu aktuellen Themen und serviert sie sozusagen frei Haus, indem er sich moderner Medien bedient. Bücher sind ihm zu langsam. Stattdessen beliefert er Woche für Woche eine ganze Reihe von Zeitungen und Zeitschriften, darunter so auflagenstarke Blätter wie *Vorwärts*, das *Berliner Tageblatt* oder *Die Weltbühne*. Mehr als 800 seiner Gedichte erscheinen hier meist unter dem Pseudonym Theobald Tiger.

Dieser leutselige Menschenfreund macht es seinen Lesern einfach. Er holt sie zu Hause ab, in ihrem Alltag. Sie haben seine Zuneigung und sein Mitgefühl. Er versteht, was in ihnen vorgeht, kennt ihre Probleme und ihre Mängel natürlich auch. Ihre Dummheiten vor allem, die er ihnen aber als seine eigenen zeigt, womit er bei seinem Leser schon mal einen Fuß in der Tür hat. Um sie ganz zu öffnen, greift er tiefer in die Trickkiste der Satire.

Er gibt ihnen, was sie wollen, und das sind vor allem keine schwerverständlichen Abhandlungen. Sie hören Schlagermusik, dumme Schlager, die aber den Vorteil haben, ihre Gefühle zu erreichen. Genau hier setzt Theobald Tiger an: Poesie, die in den Köpfen etwas bewegen will, muss zuerst zu Herzen gehen. Nur über diesen Umweg sind die Massen überhaupt noch zu erreichen. Sein Versuch ist in der Tat verwegen: Er will die Massenkultur mit ihren eigenen Mitteln bekämpfen und nutzt dazu die Form der Unterhaltung, die das Publikum kennt, um es klammheimlich oder offen zum Denken zu animieren.

Es ist kein Zufall, dass ihn diese Absicht schon bald an einen Ort führt, den wir bis heute mit ihm in Verbindung bringen: ans Kabarett. Zu Tucholskys Zeit gibt es davon etliche in Berlin. Nach dem Krieg kommt es zu zahlreichen Neu- und Wiedereröffnungen bis heute bekannter Häuser wie dem Schall und Rauch, der Wilden Bühne oder dem Cabarett Größenwahn. Der Theaterkritiker Tucholsky kennt und besucht sie alle, und er ist nicht zufrieden mit dem Zustand des deutschen Kabaretts. Es ist ihm zu bieder, zu unpolitisch, aber das lässt sich natürlich ändern, wenn man schreiben kann wie er. Und wenn man Künstler kennt: Komponisten, Sänger und Sängerinnen wie Gussy Holl, Rosa Valetti, oder Trude Hesterberg. Es sind die gefeierten Stars der Szene, denen er seine Lieder auf den Leib schreibt: frische freche Lieder gegen den ebenso autoritären wie spießigen Ungeist im Land.

Wie die Zeitungsgedichte behandeln auch sie aktuelle Themen. Tucholsky bleibt auch als Dichter Journalist. Er weiß, dass vieles, was er schreibt, den Tag nicht überlebt. Manches dann aber doch: Gedichte die weiterwirken. 1919 veröffentlicht er eine Auswahl davon in einem Buch mit dem Titel *Fromme Gesänge*. Im Vorwort plädiert er für mehr Mut im Umgang mit politischer Satire und stellt klar, was ihre Aufgabe ist: die Wahrheit zu sagen. »Der echte Satiriker … fühlt sich am wohlsten, wenn ihm ein Zensor nahm, zu sagen, was er leidet. Dann sagt ers doch, und wie er es sagt, ohne es zu sagen – das macht schon den Hauptteil des Vergnügens aus, der von ihm ausstrahlt.«

Es gibt mehr als einen Grund, warum dieses Vergnügen bis heute anhält. Das hängt natürlich zum einen damit zusammen, wie er es sagt: treffend nämlich. Er findet immer genau den Punkt, auf den es ankommt. Er ist ein Klassiker der Satire. Man kann ihn immer wieder mit Gewinn lesen. Mit doppeltem Gewinn sogar, denn er gehört nicht zu den politischen Dichtern, die gereimte Parteimanifeste verfassen. Ihm geht es immer nur darum, das Leben der Menschen zu verbessern.

Deswegen kritisiert er, klagt an und manchmal agitiert er auch, weiß aber, dass es damit nicht getan ist. Der Mensch lebt nicht vom Brot allein. Er glaubt, liebt, hofft, will glücklich sein, hat Träume, Ideale und Vorstellungen, die er verwirklicht sehen will. Das Leben kommt indessen mit ganz anderen Ideen um die Ecke, ist geheimnisvoll und rätselhaft und verteilt nach Lust und Laune Glück und Unglück unters Volk – ein Widerspruch, der mit noch so großer Klugheit nicht zu lösen ist, es sei denn, man verfügt über die Weisheiten eines Lebenskünstlers, dem es gelingt, die Sache philosophisch zu betrachten.

Es gibt auffallend viele Weisheiten in Tucholskys Schriften. Seine Prosa steckt voll davon, und sie gelten für alle erdenklichen Lebenslagen. In seiner Lyrik aber wartet er mit einer echten Überraschung auf. Er findet auf seinem Weg durch die moderne Welt zu einer Haltung, in der ausgerechnet Gelassenheit zu einer politischen Tugend wird: Das Leben verbessern kann nur, wer verstanden hat, dass es ist, wie es ist. »Man möchte immer eine große Lange, und dann bekommt man eine kleine Dicke – C'est la vie –!« Ideal und Wirklichkeit wollen einfach nicht zusammenpassen, und wenn es nicht die Liebe ist, die uns zur Verzweiflung bringt, dann ist es die Verwandtschaft, das Wetter und – oh ja – die Politik. Irgendwas ist immer. Was soll man machen?

Der Rat Tucholskys ist äußerst einfach: »Immer mit der Ruhe!« Gelassenheit zieht sich wie ein unsichtbarer roter Faden durch die Gedichte dieses Büchleins, aber weil *er* sie geschrieben hat, plädieren sie nicht etwa für die Schicksalsergebenheit fatalistischer Lehren. Gelassen sein heißt vielmehr, den Mut nicht zu verlieren und den klaren Blick für all die Dinge, die man besser machen kann; den klaren Blick auch für das Wunderbare und Zauberhafte, für die Poesie des Lebens. Dann kann es nämlich passieren, dass einem engagierten Weltverbesserer das Herz aufgeht, weil ihm »inmitten dem Kampfeslärm ... ein kleines Gras- und Rasenstück grünt, auf dem ein blaues Blümchen, ebenso sentimental wie ironisch zart erblüht ...«. Tucholsky hat ein großes Herz. Und er geht damit durch eine Welt, die sich von der unseren nicht wesentlich unterscheidet. Das macht, dass wir ihn nicht einfach nur verstehen; wir können ihn gebrauchen.

Günter Stolzenberger

QUELLENVERZEICHNIS

Gesamtausgabe
Hg. von Bärbel Boldt, Dirk Grathoff, Michael Hepp
Rowohlt Verlag GmbH. Reinbek bei Hamburg 1997

Gesammelte Werke in 10 Bänden
Hg. von Mary Gerold-Tucholsky und Fritz J. Raddatz
Rowohlt Verlag GmbH. Reinbek bei Hamburg 1960,
Bd. 6

Republik wider Willen
Hg. von Fritz J. Raddatz
Rowohlt Verlag GmbH. Reinbek bei Hamburg 1989

Gedichte
Hg. von Mary Gerold-Tucholsky
Rowohlt Verlag GmbH. Reinbek bei Hamburg 1983

INHALT

Dass einer alles hat, ist selten   *7*

Wir brauchen alle einen roten Mund   *41*

Der Reichtum ist der Lohn des Bösewichts   *95*

Olle Germanen   *123*

Das ganze Jahr ist Hochsaison   *161*

Nachwort   *195*

Quellenverzeichnis   *205*